MITOLOGÍA MEDIEVAL

Plutón
Ediciones

SERIE
MYTHOS

MITOLOGÍA
MEDIEVAL

◇◇◇◇◇◇◇◇◇◇◇◇◇◇◇◇◇◇◇◇◇

JAVIER TAPIA

© Plutón Ediciones X, s. l., 2025

Diseño de cubierta y maquetación: Saul Rojas Blonval

Edita: Plutón Ediciones X, s. l.,

          E-mail: contacto@plutonediciones.com
          http://www.plutonediciones.com

Impreso en España / Printed in Spain

I.S.B.N: 978-84-10233-57-7
Depósito Legal: B-17862-2024

Para mi hijo,
el doblemente doctor:
en Historia Medieval
y en Filosofía,
el Dr. Yuri Tapia Ribas.
Gracias por tu mágica
existencia.

PRÓLOGO:
¿EXISTIÓ LA EDAD MEDIA?

*Resulta curioso
que seamos capaces
de creer en lo más absurdo
y no podamos entender
lo que es, simple
y sencillamente, diferente.*
BERTRAND RUSSELL

No cabe duda de que la mitología medieval es una de las más ricas, fantástica y maravillosa de todos los tiempos, entre otras cosas porque bebe de las tradiciones y los mitos populares de milenios anteriores, como la Iliada y la Odisea, y las impagables fábulas de Esopo, y da lugar a los cuentistas más celebres de la historia, como los hermanos Grimm y Perrault, entre muchos otros, donde hay desde rebeldía y crítica contra los poderes institucionales, hasta enseñanzas morales muy funcionales para la vida diaria, y con personajes inolvidables, ya sean monstruos, animales, personas o cosas, donde la magia y la imaginación abundan por todas partes y enriquecen el alma y el intelecto.

Durante la Edad Media, pese a las represiones de las grandes religiones, hubo una libertad de pensamiento, acto y creación que no se ha vuelto a repetir, porque desde unos siglos a esta parte las mafias literarias, artísticas, políticas, económicas y científicas no permiten nada que se salga de lo establecido, y repiten siempre las mismas historias de amor, muerte y crimen, sin dar apenas opción a la originalidad o a la verdadera rebeldía, porque la rebeldía que se permite también cae en los lugares comunes de amor, muerte y crimen.

Libros de caballería, como el *Amadís de Gaula*, que enloquecieron a Alonso Quijano, el célebre Quijote, estaban llenos de cuentos arabescos (como el mismo *Don Quijote de la Mancha*) y exageradas anarquías narrativas que no se permitirían hoy en día, o que publicaría, sin éxito, una desconocida editorial independiente.

Durante la Edad Media no había censura, porque tampoco había industria editorial ni medios de comunicación pretendiendo educar a la gente para que tome partido en las próximas elecciones y siga manteniendo en el poder a determinado partido político, a sus familias, a sus lujos y a sus vicios. Finalizando la Edad Media, Erasmo de Rotterdam pudo escribir y publicar el *Elogio de la locura o Encomio de la estulticia*, y el Bosco pudo pintar y exhibir *El jardín de las delicias*, sin ser perseguido por la Iglesia o por la sociedad de su época.

La modernidad trajo la fama y la corrección política, castrando la creatividad de miles de artistas, o simplemente dejándolos patalear en el lumpen, con la anuencia moralista de la sociedad actual, que se horroriza con toda expresión artística que sea explícita, incluso más que los eclesiásticos de los últimos coletazos de la Edad Media.

El jardín de las delicias del Bosco

Pero, ¿realmente existió la famosa Edad Media? Cuando le pregunté al Dr. Yuri Tapia qué había pasado durante los mil años que duró la Edad Media, me respondió: "nada y todo"; nada de lo que creemos que sucedió, y todo lo que desconocemos de ese periodo exclusivamente europeo y occidental.

"Prácticamente solo sucede en la Europa Central católica, una edad oscura en muchos sentidos, sobre todo porque no se le ha dado el debido reconocimiento y estudio, pero llena de claridad en muchos aspectos".

Ver el pasado con los ojos del hoy, generalmente,

nos da una visión parcial y entre sombras de lo sucedido.

No hay un acuerdo específico entre los expertos, porque decir que empezó en el 476 tras la caída del Imperio romano de Occidente, y terminó en el 1400, con el Renacimiento y el "descubrimiento" de América, es decir demasiado y poco exacto, ya que hubo países, entre ellos España, que no salieron del Medievo hasta el siglo XVII, para caer en el Barroco sin pasar por la Ilustración ni la Revolución Industrial, para ir a remolque de la Era Moderna, tras unos breves años de lucidez en el Siglo de Oro español.

En el Norte de Europa y en buena parte de Asia, donde la escritura no llegó sino hasta el siglo XIII, el Medievo (tal y como lo entendemos hoy) se extendió hasta el siglo XVIII y principios del XIX, para entrar de lleno al mundo contemporáneo en el siglo XX, saltándose el Renacimiento y la Modernidad.

Por lo tanto, bien se podría decir que la Edad Media es un periodo, más que secreto o misterioso, del todo mítico y legendario, que duró varios siglos, no se sabe exactamente cuántos, y exclusivo de parte de Europa; una etapa nada oscura, pero sí fantástica y supersticiosa, donde algunos sectores de los reinados abominaban del conocimiento y apostaban por el estatismo; o donde las personas pasaban de generación en generación sin salir de su comarca ni de su oficio, embrutecidos y analfabetas durante casi mil años, que no es poco, sobre todo si se toma en cuenta que quizá durante el Imperio romano vivieron igualmente marginados y sometidos.

En la Edad Media no tenían supermercados, como tampoco los han tenido muchos países hasta el día e hoy, porque su economía no se basaba ni en la producción ni en el consumo en masa; pero producían lo necesario para comer y mantener a los señores feudales.

No tenían muchos bancos ni bolsa de valores, porque su economía no se basaba en el intercambio monetario, y en muchas regiones apenas se utilizaba el dinero para realizar los intercambios comerciales. No es que hayan involucionado de la Atenas monetaria e hipotecaria al paleolítico, es que no lo necesitaban ni era su manera de generar riqueza, invertir, o estafar a la clientela, pero intercambiaban toda clase de bienes y mercancías, como bien lo apuntaba la Iglesia.

Sus obras de arte no se parecen a las obras de arte posteriores, simple y llanamente porque el realismo no era su tendencia artística, como sí lo ha sido desde el Renacimiento hasta nuestros días, con excepciones fauvistas y dadaístas, o como el pretendido infantilismo de Miró, Picasso y Chagall, que han intentado ir en contra de lo académico, copiando a menudo la paleta medieval.

Los pintores y artistas del Medievo no tenían la fama ni el reconocimiento que tienen hoy día, pues no existía la fama individual en aquellos tiempos, no se utilizaba, con lo que muchos de sus autores y autoras no se conocían entonces ni se conocen ahora, a menos que un investigador los desentierre.

El Medievo no estaba ni más atrasado ni más adelantado de lo que lo estuvo el Renacimiento, simplemente era diferente y tuvo que luchar contra un tipo de opresión distinta a la opresión contra la que se lucha actualmente, porque nuestra opresión parece tan convenenciera, como doctrinaria y dogmática; y, lo peor, aceptada y hasta aplaudida por la mayoría, porque es una opresión difusa y nada clara que la mayoría da por buena.

Hasta se puede decir que el pensamiento, la sexualidad y las acciones cotidianas eran más libres entonces que ahora, con una buena dosis de mitos, leyendas y fantasías en las que no primaban los cantantes o actores famosos, pero sí los goliardos, los caballeros de capa y espada, y las princesas hermosas y caprichosas que dominaban el mundo tras bambalinas.

La Edad Media sí existió, pero dista mucho de ser como la pintan: ignorante y crédula, sin libertades individuales y sujeta a la ignominiosa crueldad de la Iglesia Católica, porque en ella confluyen tanto el mundo árabe y sus artes, filosofías y ciencias, y porque el aristotelismo siempre estuvo presente hasta dentro de la Iglesia, con un pensamiento tomista y un entorno diferente al nuestro, y que ha decantado en muchos de los aciertos, y algunos errores, de las culturas actuales, con tradiciones que nacieron apenas ayer, y olvidos convenientes de lo que sucedió realmente en aquellos tiempos.

Alta Edad Media, de la falsedad de la caída del Imperio romano de Occidente, que siguió medrando bajo el nombre de Iglesia católica, hasta la emergencia de la Iglesia ortodoxa en el 998, y que continuó hasta el siglo XVII como el Imperio romano de Oriente; o hasta las Cruzadas del siglo XII.

Baja Edad Media, desde el 1100 con el cisma de la Iglesia, hasta el Renacimiento italiano de los siglos XIII y XIV, e incluso XV y XVI.

E incluso una Media Edad Media, sí, has leído bien, Media Edad Media, con las supuestas malversaciones del calendario por el Gran Ciro al que acusan de haberse robado 700 años por conveniencia propia; con las imposiciones históricas de Carlo Magno sobre el mundo y el Vaticano germano de los olvidados Estados Pontificios; o con todos los errores cronológicos y de interpretación habidos y por haber, desde el año 800 hasta el 1929 de nuestra era.

Como diría Thomson: "la historia no existe" o "la historia es en realidad una histeria".

Pero la mitología (y no las religiones oficiales), que no ha tenido nunca pretensiones personales o particulares de historicidad, sí existe, está aquí y siempre presente, con sus leyendas y tradiciones fantásticas, con dragones, príncipes imposibles y princesas casi inalcanzables, en batallas eternas que van más allá del bien y del mal, y con todo tipo de seres fantásticos, como hadas del bosque o hadas madrinas, magos poderosos, humanitarios y generosos como Merlín, brujas míticas como Morgana, reyes en bancarrota y mendigos millonarios, que han cimentado la literatura fantástica de los últimos quinientos años.

¿La Edad Media existió? Se preguntan los expertos. Sí, la Edad Media existió y existe hasta nuestros días, con sus luces y sus sombras, sus tradiciones olvidadas y otras nuevas inventadas, con sus ignorancias, creencias, fanatismos y supersticiones, tanto en el cine y las novelas, como en la vida diaria, donde los héroes y las heroínas salvan al mundo, matan a los monstruos y liberan a los príncipes y a las princesas.

¿LA EDAD MEDIA EXISTIÓ?

Sí, la Edad Media existió
y existe hasta nuestros días,
con sus luces y sus sombras,
sus tradiciones olvidadas
y otras nuevas inventadas,
rescatadas o tardías;
con sus ignorancias, creencias,
fanatismos y supersticiones,
tanto en las películas de Hollywood
y las series del Netflix,
como en esta vida diaria,
torpe, loca e incendiaria,
donde los héroes y las heroínas,
asesinos y asesinas,
aplaudidos y aplaudidas,
salvan al mundo conocido,
aman a lo descosido,
fuman y beben,
matan a los monstruos

y liberan a los príncipes consortes
y sin suerte,
y a las princesas
de la boca venenosa y de fresa,
aunque eso lleve hasta la muerte.

Introducción:
De princesas y dragones

*En el fondo del arcón
permaneció la esperanza,
el peor de todos los males,
porque promete mucho
y nunca da nada.*

El mito de Pandora

En este libro vamos a escribir sobre princesas y dragones, magos, brujas, hadas, gnomos, monstruos, ogros, reyes, príncipes, héroes, caballeros, ranas, liebres, perros, lobos, fantasmas, niños perdidos, Papas, monjes, monjas, curas, amores, celos, pasiones, traiciones y locuras, tradiciones y mitos de todas las épocas anteriores que conforman la maravillosa mitología de la Edad Media.

Muchas culturas son míticas y mitológicas en sí mismas, como la árabe o la japonesa, circunscritas a un área geográfica y temporal específica, pero otras, como la Medieval, rebasa fronteras y cronologías, tanto por su desarrollo económico y forma de producción, como por compartir mitos y leyendas de las grandes religiones, algo que también sucedió en China e India.

El denominador común de una serie de creencias mágicas y religiosas crea similitudes entre pueblos de distintas culturas y lenguas, a pesar de los esfuerzos de los romanos por tener una sola cultura y una lengua única, que refleje un monoteísmo imposible, pero unificador de mitologías.

La idea judeo romana de un solo dios, copiada de Akenatón y de Ahura Mazda, y emulada por el islam, ha logrado que la gran mayoría de los habitantes del mundo occidental, y medio oriental, tengan en la punta de la lengua la palabra "dios", cada quien en su propia lengua, pero con una misma idea de un ser creador y protector.

Dos mil años de adoctrinamiento han dado sus frutos, y no creer en algún dios, o en el mismo con distintos nombres, se ha vuelto casi imposible, además de ser por ello perseguido socialmente y desacreditado, pues al creyente le parece increíble que alguien no crea, válgase la redundancia, razón por la que algunos hombres sabios y ateos caen en la hipocresía conveniente de fingirse creyentes, pues así venden más.

Pueblos de todo el orbe han abrazado la idea judeo romana de un dios creador, a pesar de las diferencias geográficas y temporales, e incluso raciales y culturales, o de oprobio, ocupación, sometimiento y conquista, como sucedió en España y sucede hoy en día en Latinoamérica.

Ningún dios existe y todo dios es mítico, dirían Voltaire y Bertrand Russell, por supuesto, pero resulta curioso que España, Filipinas y Latinoamérica sean más papistas que el Papa, y se aferren a un Medievo

anímico e intelectual, adorando a un dios, con sus ángeles, santos y vírgenes, que no forman parte ni de su
cultura ancestral ni de su aspecto físico.

El poder de la imaginación y de la creencia es terrible, y funciona; y si un dios judeo romano existe para
tres mil millones de personas, no tienen por qué ser
falsos los dragones y las princesas, sino tradicionales
y míticos.

Princesas y dragones

Podría decirse que es un poco tarde hacer de la
masa un ente pensante y crítico, porque hoy en día
los instrumentos de adoctrinamiento son distintos a
los de la Edad Media, y porque parece que a la mayoría de la gente le encanta ser creyente, de lo que sea,
pero creyente, quizá porque así llena su vida de emo-

ciones, fantasías, ilusiones, sueños y esperanzas, aún más falsas que sus falsas creencias religiosas, pero acogedoras, románticas y esperanzadoras.

Sí, parece que hoy somos más esclavos mentales y emocionales que nunca, pero no nos importa, porque a cambio llevamos una vida bastante buena (aunque siempre amenazada para evitar despertares y rebeliones), y soñar, aunque pueda salir muy caro, no cuesta nada.

A casi todos los hombres les gustaría ser el héroe, el príncipe, el rey fuerte, sano y poderoso con mil mujeres esperándolos, pero no es así y lo sabemos sin que en realidad nos importe.

Casi todas las mujeres quieren ser princesas amadas por pérfidos dragones y rescatadas por guapos, aunque ingenuos, príncipes de caballo y espada, que las traten como reinas.

Quizá nunca suceda, pero no importa, porque la pérfida esperanza, lo peor de la caja de Pandora, es lo último que se pierde, y, quién sabe, de paso nos toque ganar la lotería a pesar de que la probabilidad sea casi nula.

La mitología Medieval es mucho más libre, contestaria y rebelde de lo que se pueda imaginar, e incluso osada y terrible para las buenas conciencias del mundo actual, por lo que el cine y las novelas modernas se han encargado de transformarla y adecuarla al pensamiento políticamente correcto, como hicieron los amigos de H.P. Lovecraft con sus cuentos una vez que el autor murió, para que las masas no se espantaran de verdad, y las élites estuvieran contentas.

¿Ogros buenos y conscientes?

¿Hadas serias y severas?

¿Princesas valientes y cuasi feministas actuales?

¿Reyes antimonárquicos?

¿Dragones torpes y cobardes?

¿Lobos protectores y ovejas rapaces?

¿Magos científicos?

¿Brujas santas?

¿Doncellas que no se casan por amor ni por sexo, sino para ser matriarcas empoderadas sin importarles la suerte del marido?

¿Animales y cosas con cerebro, al lado de humanos descerebrados?

¿Monjes gordos, lascivos, lujuriosos, sucios y malvados?

¿Sacerdotes aviesos y depravados?

¿Monjas diabólicas y dominatrices?

¿Fantasmas asustados de los vivos y de sí mismos?

¿Enanos de dos metros de altura?

¿Gigantes ingenuos, torpes y espantados?

¿El bien como disfraz ladino del mal, y el mal que busca el bien comunitario?

¿Señores feudales en la miseria?

¿Campesinos millonarios que se burlan del hambre de sus señores?

¿Cortesanas casquivanas que someten a los poderosos príncipes?

Sí, todo eso y mucho más aparece en la mitología Medieval, como aparece en la vida cotidiana de nuestra época, y quizá de muchas épocas venideras, a veces de manera abierta y descarada, otras veces de manera subrepticia y enmascarada, e incluso de forma humorística y descarnada; en verso, en prosa, en forma figurada, como fábula de Esopo, o como cuentos viejos y leyendas milenarias.

FRANCA NIEVES

—¿Acaso no es un mito
la belleza occidental?.
Le dijo Blanca Nieves
al espejo,
y el espejo,
que hasta ese día
había creído
que la belleza era
un canon universal,
se quedó perplejo
y tardó en contestar:

—En realidad no se trata de belleza,
su majestad,
sino de envidia, celos
y necia competencia,
y todo ello,
no lo negará vuecencia,
es pura condición humana
y, por lo tanto, universal.

—Puro estereotipo del sistema.

Respondiole al punto la princesa.
—Socialización manipulada,
nada más.

El espejo hizo una mueca,
vibró su imagen,
miró hacia adentro
y, por fin, dentro de sí,
se le encendió la mecha:

—Tenéis razón,
me inclino humilde
ante vuestra gran inteligencia...
pero entonces, decidme, majestad,
si no os molesta,
¿por qué regla de tres
vivís entre abundancia y oropeles
mientras el pueblo
vive en la miseria?
¿Y por qué llegaréis a gobernar
tras matar
a la bruja de la reina,
sin que nadie os elija?
¿De dónde sacáis tal prebenda?

Blanca Nieves asió con fuerza
el báculo real
y de certero golpe
rompió en mil pedazos
al viejo espejo
(que no se hizo a un lado

por falta de reflejos),
mientras la princesa replicaba ufana:
—¡Igualado, espejo descastado,
ahí tenéis mi respuesta!

I

LOS GOLIARDOS Y OTROS
CABALLEROS RAMPANTES

Cantemos, bebamos,
amemos, huyamos,
que en este mundo
nada es verdadero;
corramos, burlemos,
¡huyamos!
CANTO GOLIARDO

Cristian, un curioso compañero de la Universidad de Barcelona, un buen día, y tras el típico jueves universitario con la resaca a cuestas, dijo alegremente: "¡Somos unos verdaderos goliardos!".

No supe exactamente a qué se refería, pero me gustó el apelativo, "goliardos", sonaba muy bien, "goliardos".

Del gusto pasé a la curiosidad, porque Cristian no me dio más explicaciones sobre el apelativo, aunque podía deducir que no se trataba de una alabanza por ser buenos estudiantes, abstemios, disciplinados, buenos hijos, decentes, puros y hasta castos, sino quizá todo lo contrario.

Así que busqué en la biblioteca (en aquel entonces Internet y la Wikipedia estaban en pañales, o no existían todavía), y encontré que el término venía a ser algo así como "la gente de Goliath", por no decir "gente del demonio".

Los golias, según la información recabada, fueron, en un principio, seguidores de un mítico clérigo y obispo del mismo nombre, san Golias, un invento, seguro, como otros tantos que sobre santos se daban en aquellos medievales días.

Desde la supuesta caída del Imperio romano de Occidente, hasta la aparición de los burgos al final de la Edad Media, estudiantes de teología, sobre todo, clérigos sin parroquia, y no pocos pícaros adolescentes, aunque algún viejo resabiado siempre había entre ellos, fueron los vagos sin oficio ni beneficio a los que se llamó genéricamente goliardos.

Hijos de buena familia en muchos casos, desheredados por inútiles en otros, los goliardos recorrieron los pueblos y los burgos tras unos años en el seminario, y no es que tuvieran vocación sacerdotal, sino porque parece que era lo más fácil de estudiar en aquellos días. No existía la carrera de humanidades, y mucho menos la de sociología, sino la filosofía, la milicia y la jurisprudencia, que exigían estudiar de verdad, seriedad y disciplina, por lo que estudiar para ser cura o monje resultaba mucho más relajado.

Otros oficios, no universitarios, tampoco eran del gusto de los goliardos, porque se tenía que trabajar de verdad, y el comercio tenía el estigma de ser un sucio negocio propio de árabes y de judíos, y no de cristianos de buena cepa.

Vagos eran llamados por las autoridades eclesiásticas, y descastados por sus familiares, por más que vistieran de monjes y se hicieran pasar por santos que abominaban de las riquezas y de las jerarquías de este mundo sucio e interesado.

Los alegres goliardos

Beber, pasear, cantar, bailar, amar y jugar, era su ley. Lo demás no valía para nada.

Algunas veces batirse en duelo, si había espada para ello; o por lo menos darse coscorrones para pasar el rato. Amenizar con cuentos a los parroquianos de la cantinas, para beber de franco. Engatusar a las mujeres de la vida, e incluso a las santas doncellas, para lograr amores prohibidos por la sociedad, y sin la menor intención de casarse, porque hacerlo era perder la cabeza y la amada libertad.

"Calisto quiere yacer con Melibea, mas no casarse con ella", se puede leer en *La Celestina* de don Fernando de Rojas, total, la vieja bruja podía restañarle el virgo a Melibea si fuese menester, para que se casara virgen y pura tras amancebarse con el pícaro Calisto, quien, por desgracia, cayó de la escalera y no pudo consumar su picardía.

"No hay pecado que el que no se comete", rezaban los goliardos, "porque no hay sabor más dulce que el del fruto prohibido, el del fruto robado".

De la tradición de los goliardos nacen las figuras de Don Juan Tenorio, o *Convidado de piedra*, de Tirso de Molina, y el fabuloso *Tirant lo Blanc* (o *Tirante el Blanco*), del valenciano Joanot Martorell, goliardos con toda la barba.

**Portada de la traducción
castellana de 1511 de *Tirante el Blanco***

Sí, goliardos todos ellos, vagos, algunos con dinero y otros no, que dedicaban su vida a las apuestas y al jolgorio sin importarles el futuro ni las normas sociales o morales de su época.

No pocos de ellos eran verdaderos caballeros, es decir, que tenían casa, dinero, caballo, espada y sirvientes; mientras que otros estaban en la ruina más completa, pero siempre avispados, bien bebidos, bien comidos y bien amados.

No en balde tenían algo de estudios y por lo menos sabían leer y escribir, incluso conocían la liturgia católica y algo de los pasajes bíblicos se les había pegado, y con ello podían estafar o aprovecharse de la ignorante ingenuidad de los aldeanos.

Por otra parte, ayer como hoy, eran admirados a pesar de sus rapacerías, y hasta aplaudidos por los propios estafados, sin faltar las doncellas que se enamoraban de ellos y estaban dispuestas a mantenerlos a cambio de tenerlos a su lado.

¿Casarse y tener hijos con una aburrida damisela? ¡No, gracias! ¡Antes muertos!

Por supuesto, los goliardos apostaban unos contra otros para ver quién la liaba más, o quién caía primero en la corte, en una parroquia o en el tan temido matrimonio.

DIÁLOGO ENTRE GOLIARDOS

—*¿Cuántas doncellas lleváis burladas?*
—*Cien o doscientas.*

—¿Podéis comprobarlo?

—Sí, si los atrios y las paredes hablaran.

—Entonces, nada.

—Es que no os fiais de mi palabra.

—Más me fiaría de la palabra del diablo.

—¿Y vos cuántas lleváis?

—Pocas, tres o cuatro.

—¿Podéis demostrarlo?

—Sí, bastaría con preguntárselo a vuestra novia y a vuestras hermanas.

Y ahí empezaban los golpes, o salían a relucir las espadas.

Aunque algunos vestían como monjes, que tampoco tenían muy buena fama, no vivían en ningún monasterio, sino en sus propias casas o en la pura indigencia, e incluso en establos que los amigos y conocidos les prestaban para dormir la mona.

Con el tiempo, siglos en realidad, y la apertura de esos centros de estudios a los que llamamos universidades, los goliardos aumentaron en número desde Inglaterra hasta Francia, desde Italia hasta Alemania, y desde Grecia hasta España: muchos seguían siendo seminaristas o estudiantes de Teología, pero ya había de toda clase de estudios, porque lo importante ya no era la Iglesia, sino la jurisprudencia y el comercio, e incluso la medicina y la astronomía que se daba dentro de la rama de la Filosofía.

Los burgos (ciudades) que en realidad nunca habían desaparecido, o no del todo, fueron los refugios preferidos de los goliardos, porque ahí siempre había posadas y cantinas, además de damiselas encumbradas que no habían tenido suerte en la corte, precisamente como cortesanas (señoritas que buscaban marido de posición y buena familia).

Los poblados de campo y de montaña contaban con sus ventas, donde se comía y se bebía, y hasta se amaba, pero eran pobres, apartados del mundo, y ofrecían menos placeres que las zonas urbanas.

En las urbes los goliardos podían hacer de las suyas sin correr el riesgo de ser linchados ni de ser obligados a trabajar para pagar lo consumido, y aunque tuvieron la competencia de otros caballeros, como los lombardos, no dejaron de medrar.

Trovadores goliardos

Algunos goliardos se convirtieron en trovadores o en juglares, llevando en verso y en música las noticias de un burgo a otro, de un pueblo a otro, donde a menudo se burlaban de otros caballeros, de los señores feudales y hasta del papa de Roma, que era figura recurrente de bromas y chistes.

Otros se fingieron astrólogos, brujos, magos o monjes de escapulario; e incluso veteranos de guerra aunque de la verdadera milicia no supieran nada. Limosneros adustos y soberbios que no pedían limosna a nadie, pero que aceptaban todo tipo de ayuda externa, sobre todo monetaria, pues el dinero se había convertido en la madre de todos los negocios, y había que conseguirlo de la manera que fuera.

No eran pocos los goliardos que vivían a expensas de su propia familia, incluso si la familia no era precisamente acaudalada, pero sí con los suficientes medios como para mantenerlos y tenerlos a recaudo, porque al fin y al cabo eran hijos suyos y no estaba bien visto abandonarlos, aunque así lo desearan.

Un hijo goliardo era un gasto y una fuente de reclamaciones y problemas por el mal comportamiento del muchacho.

EL CABALLO DEL GOLIARDO

—*Felicidades, don Rodrigo* —le dijo un goliardo a otro goliardo—, *bien cumplidos tienes casi los cuarenta y tus padres por fin te han regalado un caballo.*

—*Treinta y tres, si no le importa, don Hernando* —respondió el otro—, *y el caballo me lo he ganado por aguantarlos.*

—Si te oyeran, te lo quitarían.

—Pero no me oyen, porque están viejos y sordos.

—¿No temen que tengas un accidente al galope y mueras, o quedes aún más inútil?

—No, no lo parece... aunque mi madre, cuando yo era más joven, a menudo me decía, seguro que para no comprarme un caballo, que galopar era peligroso...

—Quizá ahora eso desearían y por eso te lo han regalado.

—¿Para que muera, dices?... No lo había pensado de esa manera.

—Galopar es muy accidentado. Hay yeguas muy resabiadas y potros muy traicioneros, que en cualquier renuncio te mandan al suelo, y no son pocos los que así se han matado. Un drama para los padres, pero un ahorro y un descanso, porque, ya se sabe, una boca menos en estos tiempos es casi un milagro.

—No creo que los viejos lleguen a tanto.

—No, por supuesto, seguro que están deseando que llegues a viejo, como ellos, sin haber dado más que disgustos y gastos, como buenos cristianos.

Rodrigo se quedó pensando, bebieron algunos vinos, y antes de despedirse le dijo al bueno de Hernando.

—¿Te gusta mi caballo? ¡Te lo vendo!

—Y para qué lo quiero vendado.

—No bromees, que te lo dejo a buen precio.

—Podría ser, no lo sé... ¿en cuánto?

—En tres monedas de oro...

—Me parece justo, ¿trae aquí las riendas? ¡Mañana te lo pago!

Se cerró el acuerdo, Hernando desapareció sobre el ja-

melgo, y Rodrigo no lo volvió a ver por esos rumbos, pensando "pobre Hernando, quizá a galope se ha matado", y es que hay de goliardos a goliardos, los timoratos y tontos que viven con y de sus padres, y los que tienen que sacar algo para comer a diario.

DE LA NOCHE A LA MAÑANA

Casi nada sucede en este mundo de la noche a la mañana, pues los procesos sociales suelen ser lentos y necesitar de por lo menos tres generaciones para más o menos asentarse, sin dejar de cargar por ello con antiguas tradiciones.

En la mitología Medieval, por ejemplo, podemos encontrar versos, cuentos y leyendas provenientes de la mitología griega o de la mitología árabe, mitos romanos y tradiciones orales de la propia región, con claras influencias celtas, inglesas, irlandesas, germanas y hasta rumanas.

Los mil años de la Edad Media son de un gran trasiego, por una parte, y de una gran involución estática.

El Imperio romano de Occidente no cayó de un día para otro en el 476 de nuestra era, y no todos los pueblos que lo conformaban se hicieron católicos fervorosos y creyentes de la noche a la mañana.

Roma no se hizo en un día, y tampoco se deshizo en una semana. Teodosio ordenó que todo el Imperio y sus habitantes fueran católicos, apostólicos y romanos, pero ese proceso fue mucho más lento de lo que se esperaba a pesar de la violencia ejercida sobre algunos reinos ahora independientes.

Del siglo V al siglo XII, casi setecientos años, el catolicismo se fue infiltrando en culturas como la irlandesa y la nórdica, pero no antes, y si bien los monarcas de esas regiones fueron vendiéndose a las bondades de una religión única y cohesionadora, sus pueblos se mantenían alejados de ellas a pesar del atractivo de las redenciones y los milagros, yendo a misa por una cuestión social, pero no por reverencia a los curas y a las monjas.

En muchos sentidos, los religiosos de hoy en día son como los religiosos del Medievo, aceptando un culto por lo que tiene de social y por sus esperados milagros, que por verdadera convicción.

Tanto ayer como hoy, la gente cree en lo que le interesa, y a veces comulga con piedras de molino por ignorancia supina, o porque no le queda más remedio.

Los goliardos, por supuesto, estaban en contra de las absurdas creencias de su tiempo, pero se aprovechaban de ellas para medrar y sacar partido de los "buenos", por lo que no era raro que vendieran bulas papales o recaudaran fondos para los soldados de las Cruzadas, y se quedaran con lo recaudado para sus vicios.

Los recaudadores de impuestos del Imperio romano hacían lo mismo, solo que legalmente, y si bien mandaban algo a las arcas del Imperio, se fueron quedando con la mayor parte, lo que ayudó a que administrativa y económicamente se dividiera el Imperio en nuevos reinos. No hay mayor crimen organizado que el gobierno mismo, y las familias alejadas de Roma bien que lo comprendieron, ayudadas en el siglo V por los famosos godos.

Los godos no tenían simpatía por Cristo, y en las nuevas demarcaciones de lo que había sido el Imperio, se fundaron iglesias, templos y monasterios con la obligada religión católica, sin Dios, Hijo ni Espíritu Santo, solo Dios Padre, fenómeno que duró por lo menos hasta el 800 de nuestra era, cuando los germanos se quedaron con el sello del Imperio germánico romano, y la fuerza económica, política y hasta bélica del Vaticano, por un lado, y la expansión del mundo árabe y el islamismo por el otro lado.

De una o de otra manera, el Vaticano fue ganando poder, pues los más creyentes, aunque fuera por conveniencia, eran los monarcas, reyezuelos y señores feudales, y eran los que más contribuían a las arcas católicas, además de prestarles servicios y soldados, por si le hacían falta, esperando que en su momento la Iglesia, además de darles el visado pontificio para gobernar, les devolviera el favor.

Durante casi dos mil años, la Iglesia fue una paraestatal de los distintos reinos, pues se encargaba de las cuentas, el registro civil, la educación y el seguimiento de los linajes y los títulos nobiliarios, cobrando, por supuesto, ya fuera en especie, tierras, dinero o joyas, que no solo del alma vivían los clérigos.

Los católicos no fueron realmente cristianos hasta el siglo XI, más o menos, a pesar de que seis siglos antes santa Helena, esposa de Catón, asegurara contar con las astillas de la Cruz del Redentor, que se vendieron muy bien y caras, como reliquias, a lo largo de los siglos, hasta contar con unas mil cruces hechas de esas astillas. ¡Milagro!

Iglesia católica medieval, con Dios, pero sin Cristo

Sí, hasta el mismo Cristo fue una figura mítica dentro del mismo catolicismo, que pasó, en el siglo XI, de ser un simple pastorcillo a ser el señor sangriento y crucificado que conocemos hoy en día, y del que los goliardos hacían escarnio por considerarlo uno más del grupo, es decir, un vago que vivió en casa de sus padres hasta los 33 años, y se paseaba, comía, bebía, iba con malas señoras, no trabajaba, vivía del cuento y la verborrea, y no se casaba por nada del mundo.

Cristo, para los goliardos, era un vago más, y, como tal, era aplaudido, mientras los monarcas y los señores feudales intentaban quedar bien con el Vaticano aceptándolo o no aceptándolo, dependiendo de los caprichos de los cónclaves, concilios y demás cuentos, los cuales, a pesar de ser caprichos y cuentos, le podían costar la vida o la corona a quienes no estuvieran al tanto de ellos.

Las reinas, sí, sobre todo las reinas, eran las que más apoyaban a la religión, a pesar de que la Biblia no hablaba muy bien de ellas, pero no importaba porque en la Edad Media casi nadie leía las sagradas escrituras (como también ahora, aunque la compran), y las reinas, analfabetas, mucho menos, pero creían en lo que les decía su confesor y apostaban por causas que las mantenían encerradas y señaladas como la fuente pecaminosa de todos los males, a la espera de que un simpático y descarado goliardo las llevara por el camino prohibido que supuestamente abominaban. Contradicciones habituales de la especie femenina humana.

CABALLEROS SIN CABALLO

A lo largo de la Edad Media ser caballero era todo un prestigio, ya que a casi todo caballero (con alabarda y caballo) se le suponía el valor, el arrojo y la heroicidad, aventurero, guerrero, salvador de honras y de poblados, luchador contra el mal y contra todo tipo de monstruos, ogros y engendros del mal. Mientras que a un caballero sin caballo se le suponía un cobarde fanfarrón, como los lombardos, que podían ser derrotados hasta por un caracol o por un conejo.

Caballero sin caballo vencido por un conejo

A casi todos, porque también había burlas hacia esos supuestos héroes, sobre todo si no poseían el elemental caballo, y ni siquiera un asno o una mula para disimularlo.

Los caballeros de verdad, de corcel brioso, espada al cinto y lanza en ristre, estaban más en las novelas de caballería y en los cuentos de los aldeanos que en la realidad, pues eran menos hábiles para mantenerse de la nada, como hacían los goliardos, además de que para un verdadero caballero actuar como goliardo habría sido una ofensa y una falta de dignidad.

Había algunos caballeros pendencieros, como don Juan Tenorio, hijos de buena familia y más cercanos a los goliardos que a los caballeros de torneo y milicia, pero no salvaban a las princesas ni mataban a los dragones, solo dilapidaban su dote y acababan, si bien les iba, en el calabozo o en el cementerio, si les iba peor.

Los rijosos caballeros medievales

Hubo caballeros que volvieron de las Cruzadas con la cota de malla y la espada, y poco más, caídos en desgracia en el frente y al volver a casa, sin caballo al cual auparse para no destrozarse los pies en las largas caminatas.

Algunos fueron rescatados, pero otros, incapaces de volverse por lo menos goliardos, caían en una hidalguía menesterosa sin que nadie los recompensara, o se convertían en funcionarios del estado, como Miguel de Cervantes, si la suerte los acompañaba.

No faltaban los que se inventaban a sí mismos como caballeros andantes, con un flaco rocín y un criado, como don Quijote de la Mancha, dispuestos a deshacer entuertos y vencer a los cíclopes que no eran más que molinos de viento, tras haber vivido una existencia gris y aburrida, aunque productiva, porque muchos de ellos tenían sus ahorros y sus tierras, o habían sido comerciantes de cierto mérito.

Tirante el Blanco, una especie de don juan valenciano, fue otro prototipo de caballero andante, pero muy lejos del Cid Campeador, que rescató para la corona castellana tierras que habían ocupado los moros.

Caballeros con caballo, pero de novela, de ficción, como san Jorge que mató a un dragón para salvar a una princesa, pero casi inexistentes en la realidad, o bien vendidos a cualquier monarca o señor feudal como bravos mercenarios, pero sin el reconocimiento social que les diera el Amadís de Gaula.

Mantener a un caballo con jarcería deslumbrante, bien comido y bien cebado, para ir de un castillo a otro y pedir la mano de una doncella cautiva, no era nada barato, además de mantenerse a sí mismo pulcro, rico y elegante, con las armas bien pulidas y el talante tan fresco como viril y amenazante.

Vencer en los torneos a otros caballeros como él, tampoco era fácil, sobre todo cuando el premio no era un tesoro, sino una señora a la que había que ponerle su castillo y tenerla y mantenerla como una reina.

Quizá los hubo en la realidad, pero la historia oficial poca cuenta hace de ellos, porque ya los menciona como infantes adelantados, señores feudales, marqueses y condes, prelados o altos funcionarios de la Iglesia, hijos de papas y de obispos, generales poderosos y ricos terratenientes, como los caballeros de la mesa redonda (con el rey Arturo, Ginebra y sir Lancelot a la cabeza), no solo con un caballo, sino con cientos de ellos, además de un ejército, asalariado o no, que los seguía en las conquistas o en las defensas; mientras que los caballeros sin caballo o venidos a menos, abundaban y morían de hambre o se convertían en criados, funcionarios o labriegos, pues tras ser derrotados se rendían incluso ante un simple caracol, como aparece en tantas viñetas de cuentos e historias de la Edad Media.

¿Enfrentar al caracol?
¡No, gracias!

También quedaba la alternativa, tras la ruina caballeresca, de convertirse en famosos salteadores de caminos, más que en soldados de fortuna, como Robin Hood, que robaban a los ricos para repartir el botín con o entre los pobres, después de los gastos de administración, las comilonas de la banda y cosas por el estilo, claro está.

Muchos de los mitos y las aventuras, reales o ficticias, de la Edad Media, incluido el curioso comportamiento humano, siguen vigentes en nuestros días, desde los goliardos universitarios, hasta los caballeros de capa y espada romantizados a pesar de sus sanguinarios actos y sus guerras nada santas.

II

EL DERECHO DE PERNADA
Y LA COSMOLOGÍA MEDIEVAL

¿A quién va a cubrir
el Señor,
si no levanta la tranca
ni con auxilio de Dios?
CANTO GOLIARDO

¿Y qué tendrá qué ver el denostado derecho de pernada con la cosmología medieval?

Algunos autores señalan al patriarcado bíblico y secular, y otros señalan al eterno machismo tan presumido y aplaudido por las mismas princesas.

Hoy en día el derecho de pernada parece una grosería, una afrenta del pasado que debe ser vengada por las doncellas modernas, como reflejan novelas históricas como *La Catedral del Mar*.

Quedar preñada del señor feudal, para muchas doncellas, era la oportunidad de tener un pie en la corte, ya que los bastardos eran considerados herederos indirectos de su padre, y gozaban de diversos privilegios, como una renta, un oficio dentro de palacio, estudios y hasta uno que otro título nobiliario.

El pueblo le exigía a sus reyes que tuvieran una buena y amplia descendencia, sobre todo varones capaces de heredar la corona, aunque a veces se conformaban con una hembra, como en el caso de Irlanda, Escocia e Inglaterra, aunque la reina Isabel de Castilla no se quedaba atrás de sus homólogas norteñas.

Los bastardos podían heredar fortunas y tierras, pero rara vez la corona, aunque algunos hicieron méritos, como matar a su padre, para merecerla.

Los bastardos de hoy en día no son como los bastardos de antes, aunque en esta Europa con monarcas de folletín rosa, todavía pueden medrar algo, en secreto generalmente, pero pueden hacerlo legalmente, pues las leyes reales del Medievo siguen vivas y aplicables en nuestro tiempo.

COSMOLOGÍA MEDIEVAL

Hay la idea de que en el Medievo se creía que la Tierra era del todo plana, con algunas montañas, pero plana, incluso rectangular o algo cuadrada, con el firmamento bien firme como una cúpula de cristal, donde se paseaban el Sol, la Luna y las estrellas, sin olvidar a los planetas, cuya base terrestre acababa en el Finisterre, tras el cual no había nada, o una inmensa caída hacia lo desconocido.

Sí, mucha gente medieval así lo creía, porque así lo decía la Iglesia, y si lo decía tan prestigiosa institución, debía ser así, palabra de Dios.

Pero no todos creían lo mismo, pues para algunos era plana, pero circular y no cuadrada, con una cúpula en lo alto, y algo, quizá monstruos o ángeles, que la sostenían por debajo, mientras flotaba en un mar infinito y negro.

Los sabios griegos, egipcios y árabes podían desgañitarse o caer en desgracia ante la Iglesia, asegurando que la Tierra era redonda, esférica, como la Luna y el Sol, y no plana. Eratóstenes ya lo había visto y demostrado hacía mucho tiempo atrás, y Aristóteles, cuyo Liceo seguía vivo y operativo en la Edad Media, incluso dentro de la escolástica eclesial, no tenía ninguna duda al respecto, pero la Santa Madre Iglesia, basada en un libro que poco o nada sabía de geografía, la Biblia, aseguraba que no era esférica, pero sí el centro del universo entero, como un punto en el espacio alrededor del cual giraba todo el cosmos, por obra y gracia de la divina creación de Dios.

Olvidaba señalar que, debajo de las piedras y de las aguas de la superficie, se encontraba el bendito Infierno, aunque sin los nueve círculos hasta que a Dante se le ocurrió inventarlos, listo para castigar a los pecadores pobres, porque los ricos podían pagarse el perdón papal, a los no creyentes de todas las épocas y a los que profesaban otras creencias, como los judíos y los musulmanes, incluyendo a los de religiones más lejanas y exóticas, aunque solo fuera por tener la mala suerte de ignorar la palabra de Dios.

Los que más creyeron en estas monsergas, fueron los pueblos conquistados o invadidos de América y parte de Asia, como Filipinas, pero los europeos medievales eran mucho más resabiados, groseros y rebeldes ante lo que la Iglesia les pretendía enseñar, y solo hacían caso para no ser perseguidos, pero en cuanto el amo o el sacerdote se daban la vuelta, las burlas y los improperios salían de todas las gargantas.

MEDIEVO ESPAÑOL

—*Oye, Venancio, ¿tú crees en Dios?*
—*Hombre, Paco, solo si es sincero.*
—*¡No bromees con lo sagrado!*
—*Bueno, entonces sí creo, porque para cagarme en él y en todos los santos de la corte del faraón, debo creerlo.*

¿EN QUÉ CREÍAN?

A pesar del catolicismo, en el Medievo las creencias eran diversas, y así como unos creían que la Tierra era plana y estaba asentada sobre una tortuga gigante, otros pensaban que era una especie de burbuja que flotaba en el aire; y muchos no pensaban ni creían en nada, aunque iban a misa o le daban limosna a los monjes mendicantes.

Por supuesto, se creía en el rey o en el señor feudal, porque tenía poder y todo lo que se pudiera desear en la Europa Medieval, y eso era sin duda envidiable, pero también en los monstruos y los grandes reptiles, o dragones, que habitaban en las montañas y en los bosques.

En algunos feudos estaba prohibido viajar, salir del feudo, y solo a los cabreros se les permitía la trashumancia, y a falta de fronteras bien establecidas, los

ogros amenazantes hacían de aduaneros. Los germanos decían que quien va más allá de la Selva Negra
no regresa nunca, pues en esa selva se encuentran las
más terribles de las bestias.

Sí, los monjes y curas eran unos verdaderos pícaros
que sabían cómo amedrentar a la población.

"Orar y beber, es todo un placer"

El diablo también vigilaba a los pueblerinos para
que se mantuvieran generación tras generación en el
mismo terreno produciendo para sus amos, como ya
lo habían estado haciendo para los romanos durante
cientos de años.

El albedrío consistía en aceptar a Dios junto con las
órdenes del marqués o el conde, porque de no hacerlo
eran esclavos del demonio y servidores de Satán.

"No hay mayor libertad que la de estar vivo", se le decía al pueblo, como velada amenaza sobre quien se atreviera a no comulgar con lo establecido.

Tal parece que no hemos cambiado mucho del Medievo a nuestros días, pues hoy en día también se segrega a quienes se atreven a poner en duda las palabras sagradas de los amos, porque la libertad actual no está en disentir, sino en elegir entre lo malo y lo peor que nos ofrecen nuestros dueños.

La Iglesia medieval fue muy educativa, y cada domingo, tras una misa ininteligible en latín, daba sermones repetitivos sobre la humildad, la bondad, la generosidad y el servilismo que se le debía a Dios o a Cristo, que en un principio parecían la mar de positivos, incluso filosóficos, como el amor, la bondad, la belleza, la entrega y el sacrificio para alcanzar la paz y la felicidad, pero que en realidad eran doctrinas de sumisión ante el poderoso, como lo siguen siendo hoy en día.

"Sé bueno, y Dios te recompensará", aunque, por supuesto, la recompensa nunca llegaba en vida, y según algún fantasma, tampoco después de la muerte.

Así que se creía durante la misa, pero se descreía después, y si bien Dios estaba en todas las bocas, el vino lo estaba también.

Se decía que Jesús era el primer tabernero, pues aguó el vino milagrosamente, porque creer y ser blasfemo estaba a la orden del día; incluso los niños blasfemaban contra lo que se les enseñaba en la catequesis.

Se llegaba a creer a fuerza de repeticiones, como

mancha social que se extiende sin apenas darse cuenta, pero no se llegaba a creer del todo, ni de forma trascendental ni de forma espiritual, porque hasta los monjes, goliardos o no goliardos, eran unos verdaderos depravados a los ojos de la Iglesia, tras santiguarse, rezar y asistir al culto.

Más que hipocresía, era una especie de separación de comportamientos que casi todos asumían como normales, tanto si eran varones como si eran hembras. "Una santa en la misa y en la casa, y una cortesana en la taberna y en la cama", decían.

Por otra parte, había creencias tradicionales, animistas, mágicas y milagrosas que iban más allá de lo que enseñaba la Iglesia.

Para muchos, Cristo estaba bien porque, al igual que las deidades grecorromanas, bebía, peleaba, iba con mujeres como la Magdalena, era rebelde y despotricaba en contra de su padre, similar a lo que Zeus hizo con Saturno. Pero un Dios Padre Católico era menos apetecible, porque no comía ni bebía ni iba con malas mujeres.

Durante siglos el buen Zeus (o Júpiter), mujeriego y promiscuo, pero poderoso como nadie, estuvo presente en las creencias de los pueblos medievales, lo mismo que lo estuvo Cupido o la libertina de su madre, la hermosa Venus, porque la supuesta o aparente castidad era para las monjas y los monjes (que tampoco la cumplían), no para el pueblo.

Se creía en Mercurio, pero no tanto en Apolo, en Marte y hasta en Atenea, pero poco en Hera y menos en Ganímedes.

Las figuras maternales y virginales estuvieron fuera de circulación durante siglos, pues a nadie le importaba quién había sido la madre de Cristo, y ni siquiera el mismo Cristo a lo largo de cinco siglos, con algunas excepciones tardías como las de santa Brígida y santa Hildegarda, y los clérigos que querían recuperar el cristianismo primitivo.

La vida era la vida, y la muerte era la muerte, sin más, aunque había fantasmas que hablaban de un posible más allá, y quienes no parecían venir ni del Cielo ni del Infierno, sino simplemente parecía lo que eran, muertos, a los que se podía conjurar a pesar de estar prohibido por la Iglesia, y que además era capaz de matar y de torturar a quien pillara en falta, por lo que a menudo se creía más por la fuerza, o se fingía hacerlo, que por los deseos elevados del alma.

Mujeres medievales de la corte

LA CREACIÓN DE LOS SANTOS, Y LAS MUJERES

En la Alta Edad Media y bajo el dominio de los reyes godos, en la Iglesia no hubo más que un solo Dios, ni Trinidad ni Virgen María, y mucho menos ángeles y santos; quizá algún mártir, pero no para rendirle pleitesía divina. Esto duró algo más que trescientos años, hasta que en el 800 se impusieron los germanos, con Otto y con Carlomagno, donde la idea de la mujer y de lo femenino eran las valquirias, poco o nada castas y virginales, pero sí activas, productivas y guerreras.

Juana de Arco en una representación del siglo XVI

Las mujeres de la Edad Media, como Gala Placidia, no eran nada sumisas, y aunque el mundo era machista, según algunas expertas, no estaban encerradas en sus casas ni llevaban velo, y tampoco eran doncellas desamparadas, como en los cuentos, sino labriegas, panaderas, matronas, herboristeras, artesanas y campesinas capaces de dominar a una vaca perdida, activas sexualmente, y, si se terciaba, hasta guerreras, como la francesa Juana de Arco, Tamar de Georgia, Olga de Kiev y Ladgerda de Noruega, entre muchas otras.

En las cortes y en los palacios feudales las mujeres mandaban tras bambalinas, aunque, eso sí, aparentemente más recatadas, pues debían cuidar del linaje y de las herencias ganadas muchas veces a fuego y sangre; pero el resto de mujeres medievales iban por libre a pesar de las rígidas leyes religiosas y estatales que pretendían mantenerlas apaciguadas y tranquilas.

La diversidad de pensamiento mágico religioso obligó a la Iglesia a ser más tolerante, y a sincretizar a los dioses e ídolos locales convirtiéndolos en santos y en mártires, cambiando la historia y mintiendo descaradamente, como en el caso del san Patricio irlandés, un Baco o un Dionisio de la cerveza, y más celta escocés que romano, para apaciguar a los celtas que quedaban en las islas británicas.

De no aceptar más que a un solo Dios, la curia romana empezó a dar cauce al politeísmo que permanecía imbatible en todo Europa, sobre todo después de las Cruzadas y de la expansión de la Iglesia hacia el Norte, donde Odín se convirtió en Dios, y Thor en Sansón, lo mismo que Hércules, y las heroínas celtas en toda clase de santas, vírgenes, mártires, castas y puras, a pesar de haber sido libres sexualmente y verdaderas guerreras.

De hecho, la curia Romana sigue sin aceptar más Dios que a Dios Padre, pero tolera todo tipo de cultos para mantener a la clientela.

El curandero de pestes, Roque, se convirtió en san Roque; Cupido en san Valentín; y el matagigantes Jorge, se convirtió en san Jorge.

La diosa del rayo y las tormentas, pasó a ser santa Bárbara, y las apariciones de lago, manantial o montaña, las ninfas y sílfides de antes, pasaron a ser directamente advocaciones de la Virgen María, la Madre de Cristo, primero, y la Madre de Dios cuando Cristo fue elevado a la altura de Dios Padre y confundido con el mismo, dejando en el Espíritu Santo lo que pudiera quedar de esotérico o de místico.

Qué importaba lo que dijeran, pensaran o creyeran los judíos y los musulmanes por criticar a los católicos de no ser monoteístas, viles infieles, hijos de Satanás y condenados al infierno, pues al fin y al cabo ellos también eran politeístas que adoraban a rocas y a paredes, a profetas, a ángeles y arcángeles, que en su momento también tuvieron su lugar en el cristianismo renancentista.

El catolicismo, la religión universal impuesta por los romanos y mantenida por los godos y los germanos, se partió en dos en el 998 con la instauración de la Iglesia ortodoxa, y ratificó su rompimiento con el cisma del año 1100, apartando a los europeos de los bizantinos, dando lugar al posterior cristianismo y a las famosas Cruzadas, con lo que el monoteísmo pasó de moda impositiva y creó toda clase de santos, primero, y luego de vírgenes y ángeles.

Entre el siglo XI y el siglo XVII, las advocaciones marianas fueron consideradas incluso satánicas, cosa del diablo, pero también en este rubro la Iglesia terminó por ceder, algo que ya decían en el Medievo los goliardos: "La Santa Sede, por santa que sea, siempre cede", y las mujeres medievales reían y hasta aplaudían la ocurrencia.

Mujeres medievales productivas

En la Edad Media los espacios públicos y privados no estaban bien definidos, por lo que el prestigio social del pueblo, tampoco, y así se gozaba de mayor libertad de lo que se supone ahora, pues hasta en las tabernas había hombres y mujeres que bebían, comían, cantaban y reían (como en las discotecas de hoy), con o sin prostitución incluida, pues ellas no estaban mancas, trabajaban y producían, y se daban sus lujos lo mismo que los hombres, a pesar de ser una sociedad eminentemente patriarcal y machista.

"Peor es ser cortesana", se dice pensaban las mujeres del Medievo, "pues hay que fajarse, bañarse y pintarse, para que te pruebe algún señorete que ni a hombre huele".

El mundo al revés

Como en el poema de Tomàs Garcés, el mundo medieval era como un mundo al revés, donde las ovejas malvadas devoraban al lobito bueno, los gigantes eran escuálidos y pequeños, y los enanos medían dos metros, y se creía lo mismo en las maldades de Dios y en las andanzas nocturnas de Cristo, que en la generosidad del diablo y en la sinceridad impagable del demonio.

Los viejos dioses se fueron quedando sin nombre, o con nuevos nombres de santos, pero sin perder su esencia milagrosa, o quizá violenta, o bien sus dones venenosos y medicinales al mismo tiempo.

Monstruos que eran simples e inofensivos caracoles que amedrentaban a los lombardos, o terribles dragones que escupían fuego, pero amorosos y sensibles con las hermosas y caprichosas doncellas.

Hadas de los bosques que fueron ninfas, convertidas en santas y vírgenes por obra y gracia de un fantasma divino, o Espíritu Santo, que para los medievales era lo mismo.

El mundo medieval, prosa poética. El mundo medieval, un mundo al revés, donde las mujeres que debían ser castas, puras y madres ejemplares, a veces con alma y otras veces sin alma, dependiendo de los caprichos de la Santa Iglesia, a menudo eran más brutas que Sancho Panza.

El universo era de Dios, un señor cuarentón o cincuentón en forma y con barba, del todo patriarcal y seguro de que las mujeres eran las malas de la película, por lo que no tenían derecho a mirar a los ojos a los hombres, y tampoco a hablar si no se les daba permiso, cosa que las mujeres medievales, ni siquiera las beatas fanáticas que se pasaban el día metidas en las iglesias, no obedecían para nada.

Obedecer de vez en cuando para que el párroco no las regañara, no quería decir que tomaran en serio las leyes y las enseñanzas de la Sagrada Biblia.

En la Baja Edad Media, muy cerca de la modernidad y del Renacimiento, ya había leyes tan curiosas como el *ius corrigendis*, que daba potestad a los maridos para que corrigieran a sus esposas, a palos si era necesario, pues eran, como las cabras y la vacas, de su propiedad, por orden y gracia de Dios Padre, y no faltó el gañán que se acostumbrara a pegarle a su esposa cada semana, sin importar si se había portado mal, por si las dudas, tras lo cual el amancebamiento parecía más intenso y más grato; pero también se daba el caso de que la mujer, como *La vaquera de la Finojosa*, que con un piedro era capaz de lisiar al marido que se atreviera a darle una cachetada, aunque fuera en broma.

Unas decían: "Ya no me pegas, ya no me quieres".
Otras decían: "Te vas a dormir, tarde o temprano te vas a dormir..."
Y no faltaban las que gritaban: "¡Si me alzas la mano, te la arranco hijoepu!

LA VAQUERA DE LA FINOJOSA

Moza tan fermosa
non ví en la frontera,
como una vaquera
de la Finojosa.

Faciendo la vía
del Calatraveño
a Santa María,
vencido del sueño,
por tierra fragosa
perdí la carrera,
do ví la vaquera
de la Finojosa.

En un verde prado
de rosas e flores,

guardando ganado
con otros pastores,
la ví tan graciosa
que apenas creyera
que fuese vaquera
de la Finojosa.

Non creo las rosas
de la primavera
sean tan fermosas
nin de tal manera,
fablando sin glosa,
si antes supiera
de aquella vaquera
de la Finojosa.

Non tanto mirara
su mucha beldad,
porque me dexara
en mi libertad.
Mas dixe: "Donosa
(por saber quién era),
¿aquella es la vaquera
de la Finojosa?"

Bien como riendo,
dixo: "Bien vengades;
que ya bien entiendo
lo que demandades:
non es desseosa
de amar, nin lo espera,

aquessa vaquera
de la Finojosa".

MARQUÉS DE SANTILLANA

El mundo es lo que es, creado o no, con Dios o sin Dios, donde el hombre suele ser el que inventa, grita y va a la guerra, y la que manda, la mujer.

LA MUERTE EN EL MEDIEVO

"No siempre viene de gusto el morir, pero si hay que morir, se muere", además, en la cultura medieval, y de medio mundo, la muerte es mujer, y, por lo tanto, es la que termina mandando sobre reyes y campesinos, papas y labriegos, ricos y pobres.

"Nadie se queda en este mundo a vestir santos".

"Nadie se queda en este mundo de ejemplo".

"Nada ni nadie es eterno, ni siquiera Dios Padre, que nació hace mil años, y quizá dure otros mil, pero tarde o temprano pasará y será olvidado, como todo en este mundo".

En el Medievo la esperanza de vida no era muy larga, y si bien los señores feudales y los curas, bien comidos y bien cuidados, duraban un poco más, la mayoría de la gente era considerada vieja a los cuarenta o cuarenta y cinco años, y, en algunas regiones, lo habitual era morir a la edad de Cristo, los 33 años.

Por otra parte la higiene no era muy extendida en la Europa Medieval, y las pandemias, pestes y similares eran de lo más habitual, sin dejar de lado las guerras grandes y las guerras pequeñas, el carácter pendenciero de hombres y mujeres, y hasta las enfermedades más sencillas que terminaban en muerte, como un simple resfriado o una leve infección.

Nos podemos, y debemos, quejar de la medicina y la farmacopea el día de hoy, pero entonces los médicos y curanderos eran unos verdaderos mata sanos, y exceptuando a una que otra yerbera, lo peor que le podía pasar al enfermo era caer en sus manos.

Tener ocho hijos para que sobreviviera uno o dos, era de lo más habitual, cuando la futura madre no moría en el terrible intento de parir.

Así que la muerte estaba presente en todo momento y en toda conversación, sin darle mucha importancia ni al cielo ni al infierno, porque a menudo la muerte no daba tiempo para eso.

Que los fantasmas existían, no había ninguna duda, tanto en los castillos como en las chozas humildes, en los prados, en los ríos y en las montañas. Ahí donde había muerto o había sido enterrado alguien, podía aparecer su fantasma para espantar a la gente, o incluso para tener una amable charla.

Enterrar en Tierra Santa, en el cementerio al lado de la iglesia, era una especie de garantía para que el muerto o la difunta no volvieran, pero no siempre daba resultado, y el conde Fulano de Tal, salía de su tumba cada luna llena para asustar o visitar a sus deudos.

No todos podían darse el lujo de acceder al cementerio y enterrar ahí a sus muertos, ya fuera por distancia o por falta de medios, así que los entierros debajo de un olivo, en el huerto y hasta en la cocina del hogar, eran habituales, con o sin bendición eclesiástica. No era raro que, tras una peste, el pueblo entero se convirtiera en un cementerio, con fosas comunes y cal, pero muy poca tierra sagrada.

No hay tierra santa para tanta gente

Las piras funerarias, aunque se hacían tras una epidemia, no eran muy frecuentes, porque se pensaba que al más allá se debía ir lo más entero posible, y al quemar el cuerpo no quedaba nada entero, solo cenizas, con lo que el más allá le iba a ser poco grato al difunto.

Si alguien moría sin una mano, sin un pie, o sin un ojo, se le hacía uno de madera o de arcilla, o de lo que fuera, y se le enterraba junto con el muerto, para que en el más allá pareciera completo.

También se hacían bromas sobre la muerte y chistes en pleno velorio, como se siguen haciendo, tanto para bajar la tensión del momento, como por no tomarse ni a la vida ni a la muerte demasiado en serio.

—Madre Dios, Pedro, ¡pero si estás vivo!

—Y muy vivo, sí señor, a qué viene eso.

—Pues que te creía muerto y bien muerto.

—¿Por qué? ¿Quién corrió el bulo?

—No, nadie, pero como todo el mundo hablaba bien de ti, con lo gañán que eres, creía que lo hacían por no hablar mal del muerto.

Los que tenían en qué caerse muertos tenían una buena muerte, testando, confesándose y recibiendo los santos óleos y últimos sacramentos; pero los que no tenían más que sus manos y verduras del huerto, morían sin más, y si acaso en la misa del domingo se mencionaba su nombre y su deceso.

Muchos curas se negaban a perdonar *post mortem* a la persona difunta, por lo que se debía quedar en el limbo o en el purgatorio, o incluso en el infierno, hasta el día del juicio final.

LA MUERTE DE PASCUAL

—¿Y para cuando será ese día, señor cura?

—Para el fin de la eternidad.

—¡Uy! ¡Qué largo me lo fía! Para entonces ya estaremos todos muertos, señor cura. ¿No podría hacerme usted algún

arreglillo? Mire usted que mi Pascual era muy impaciente, y se va a desesperar si tiene que esperar tanto tiempo.

—¿Tienes algún bien, hija mía?

—Pues el que vamos a enterrar.

—¿Nada te dejó?

—Cama y felicidad, señor cura, y hartas cosas de buen beber y de mejor comer.

—¿Tierras?

—Las que lleva entre las uñas.

—¿Monedas?

—No, de esas ninguna.

—¿Tienes nicho?

—Sí, algo tosco y de madera de nogal, hecho por las manos mías. Mírelo usted, allí está.

—¿Tienes hijas?

—Si, de los cinco que parí queda mi Bartola.

—¿Es bella?

—Grande y fuerte como un toro, come a dos carrillos cinco veces al día. Bien alegre la jodida, se monta a cualquier zagal que pilla en la serranía cuando anda en esos días, pues no se quiere preñar, y si a usted le apetecía por el bien de mi Pascual...

—No, no, déjalo, fue solo por preguntar.

—Ya me lo parecía, señor cura, se lo digo sin faltar.

—Entonces, lo siento, hija mía, yo no te puedo ayudar. Tampoco lo debo enterrar en este santo lugar pues nunca lo vi en la misa y se fue sin confesar.

—No, si ya me lo decía mi difunto y buen Pascual, "cuídate de los cuervos, y no andes pidiendo favores allí donde no te los dan, que si no pagué en mi vida, en mi muerte mucho menos, pero tu sabrás qué harás, porque estando

*yo difunto, no podré hacer nada más". Buenas tardes, se-
ñor cura. Ya me llevo a mi Pascual a enterrar dentro del
huerto.*

—*Ve con Dios...*

—*No conozco a ese señor, mejor me voy con Jacinto,
compadre de mi Pascual.*

La muerte no es nada seria

Por supuesto, había beatas y buenos creyentes que
hacían todo lo posible por morir bien y ser entrerra-
dos, y se imponían todo lo humanamente posible,
porque la carne es débil, para que sus difuntos fueran al cielo, y ahorraban y cumplían con todo lo que
la parroquia les exigía, pagando a veces con cabras y
otras en especie, o con un terrenito, una cosecha o lo
que el cura pudiera desear.

NIÑO ENVUELTO

Cuentan las leyendas que a los bebés, a menudo, en lugar de enterrarlos, los cocinaban al estilo "niño envuelto", para paliar las habituales hambrunas y evitarse la pena o el regaño del cura de turno por no haberlo bautizado sumándolo al ejercito celestial. Los inviernos pueden ser muy duros, las parroquias muy lejanas, y la carne tierna y rolliza muy tentadora, al menos eso dicen las leyendas.

La muerte puede ser dolorosa, pero en buena parte del pensamiento medieval no era nada seria, pues tenía como aduaneros a los párrocos, y dicen que quien tiene de aduaneros a esos cuervos, no puede ser persona seria.

Dependiendo de la región, muchas de las antiguas ideas sobre la muerte permanecían en las tradiciones populares, como volver de la muerte y distintas formas de reencarnación. Muchos pensaban que una persona, infante o adulta, se reencarnaba en el próximo hijo, sobrino o nieto, con lo que a veces el hijo menor y único superviviente de una pareja, era en realidad el hijo mayor que había vuelto a este mundo para hacer la vida que había perdido años antes, con la curiosa costumbre de ponerle el mismo nombre a todos los hijos varones, José Uno, José Dos, José Tres, o José Chico, José Mediano y José Grande, porque al fin y al cabo todos eran la misma alma, pero con distintos cuerpos.

El problema con las hijas era que a veces tenían alma, otras veces no, dependiendo lo que dijera la Iglesia, y al morir el cuerpo y no tener alma, no podían volver a la vida como se debía. Un verdadero drama de reencarnación.

Comerse al enemigo después de la batalla, corazón e hígado principalmente, podía ser un acto de absorción del alma valerosa del vencido, y comerse a un niño de meses o de muy pocos años cumplidos, podía hacer lo mismo, con lo que se preservaba el linaje y el niño permanecía dentro de la familia.

Comerse al vecino durante la Gran Hambruna del 1315 al 1317, no era descabellado porque en el no comer iba la propia vida.

¿Quién se come a quién?

Formas de ser y de pensar medievales que hoy pueden parecer espantosas, pero, como decía Pascual, las personas, una vez difuntas, nada pueden hacer al respecto.

III

Antipapismo y la papisa Juana

Cuando Dios por fin
bajó a la Tierra,
el pobre Papa
sufrió una fuerte depresión.
Jardiel Poncela

Se puede decir, sin pretender ofender a nadie, que los papas del Medievo no fueron precisamente santos varones ejemplares, émulos de Cristo o de Dios Padre, sino tiranos enfermos de poder y enloquecidos por la ambición, dados a los desmanes y excesos proverbiales en la Roma de los césares.

La figura de sumo pontífice ya existía en Roma mucho antes del catolicismo, seis o siete siglos antes, dentro de la República, encargado de los asuntos religiosos y la administración, muy lucrativa, de templos, hermandades y vestales, que se extendió por todo el Imperio hasta que Constantino le abrió la puerta a la nueva religión y Teodosio la convirtió en la única de todo el mundo conocido.

Julio César fue acólito del sumo pontífice de su época, que ya contaba con un brazo armado, además del administrativo, y ese currículo le ayudó a llegar al poder, donde quiso ser emperador con todos los poderes y sobre el Senado, acabando así con una república casi democrática, pero, aunque sí acabó con la República, no llegó a ser el César de Roma, cosa que sí lo fue Octavio Augusto, más cercano a las instituciones religiosas y morales de su época. Nadie sabe para quién trabaja.

Los pontífices, a medida que el Imperio se resquebrajaba y la necesidad de una sola religión apremiaba para mantener el tejido romano, fueron ganando poder, haciendo alianzas con los nuevos o rebeldes terratenientes, y hasta con los bárbaros, godos y árabes, hasta que Lineo fue nombrado el primer papa del catolicismo, la religión universal.

Cirilo, patriarca de la Iglesia ortodoxa Rusa

Mientras el Imperio romano de Occidente perdía el poder en todo Europa y Norte de África, el Imperio romano de Oriente, y bizantino, se mantenía firme y cohesionado bajo el mando de Justiniano, aceptando la nueva religión, pero no las imposiciones de Roma, que iban un poco más allá de lo religioso, hasta que en el siglo X formó su propia Iglesia ortodoxa, la Rusa, y se deshizo de la Roma occidental para siempre, con un medievo más árabe y algo musulmán, pero ortodoxa, católica y cristiana, donde no había papa, pero sí un sumo pontífice llamado Pope.

Tres siglos antes ya se había formado la Iglesia copta para regir los destinos y monederos espirituales del Norte de África, desde Alejandría hasta Marruecos, la cual perduró a pesar de que muy pronto se vio bajo el dominio árabe musulmán, y ahí sigue, perseguida desde sus inicios por Diocleciano, y maltratada por el Islam en pleno Egipto de nuestros días, pero ahí sigue, como la Iglesia católica de todo Medio Oriente.

En resumen, el catolicismo romano prometía ser tan buen negocio, que se dividió el pastel del mundo, espiritual y económico, muy pronto, por lo que en la actualidad cuenta con 4 ramas oficiales, por lo menos, y múltiples variantes, con patriarcas, jerarcas, papas, popes y antipapas para todos los gustos, y para el bien y expansión de las leyendas y los mitos del Medievo.

LUCHAS POR EL PODER

Dentro de la misma Iglesia católica, apostólica y romana, las luchas internas han sido frecuentes, y lo que en un concilio le podía costar la vida a unos, en el siguiente concilio le podía costar la vida a otros.

El monoteísmo, que debía apartar a otras creencias, no las apartaba del todo ni siquiera entre los prelados y obispos de la Iglesia, como Orígenes, célebre por ser un buen católico, sabio y recto, como por haberse castrado a sí mismo en un ritual dedicado a la popular deidad Io, o bien papas y obispos considerados del todo satánicos, como el antipapa Luna, si bien sigue teniendo a sus seguidores y "descendientes" en la hispana Peñíscola.

Benedicto XIII, el antipapa Luna

La leyenda cuenta que el primer papa fue san Pedro, pues Jesús le encargó la fundación de su Iglesia antes de morir, a pesar de que san Pedro eran un vil traicionero, pues lo negó tres veces antes de que el gallo cantara, pero en fin, se lo encargó y el buen apóstol, dicen, cumplió con el encargo en Antioquía o en Filadelfia, y eso que no hay el menor registro histórico de su existencia (tampoco de la existencia de Jesús, pero ese es otro tema), pero mítica y legendariamente él fue el fundador y, por lo tanto, el primer papa, porque, no hay que olvidarlo, los sumos pontífices romanos anteriores a Pedro y a Cristo, no eran católicos.

Para la Historia, Lineo sería el primer papa oficial del catolicismo bendecido por Constantino Emperador, que nunca fue católico ni cristiano; pero los antipapas empezaron a surgir casi tres siglos antes.

Natalio fue el primer antipapa entre el 199 y el 200 de nuestra era, cuando los cristianos todavía no estaban aceptados oficialmente como religión, sino como una panda de vagos, ladrones y mendigos inmigrantes que habitaban en las catacumbas y se comían a los caballos.

LA LEYENDA DE LA PAPISA JUANA

En el siglo IX de nuestra era, un joven sacerdote, por sus múltiples virtudes, celibato comprobado, abstemio, de buena familia, noble, casto y puro, llegó a lo más alto de la jerarquía católica, entre Benedicto III y Anastasio, el usurpador del papado y al que apodaban el Bibliotecario, fue elegido como el papa Juan.

Su reinado pontificio duró sólo unos tres años, pero suficientes para hacer mejoras y cambios útiles en el papado.

Las luchas internas por el poder y la recaptación de fondos era cruenta.

Los obispos y los prelados, junto con papas anteriores, no cumplían con los sagrados mandamientos, y aunque algunos se pretendían célibes, pues no se casaban, sí aumentaban el número de su parroquia gracias a las abadesas que les daban hasta once nuevos cristianos.

Los lujos y los excesos eran comunes en monasterios, conventos y templos, mientras los villanos y los campesinos se morían de hambre.

La espiritualidad era escasa, y los pocos verdaderos creyentes pronto se volvían fanáticos peligrosos que andaban a la caza de los que dudaban, matando a unos, torturando a otros, y creando más problemas que soluciones para la causa cristiana.

Los adoradores de dioses prohibidos aumentaban, las supersticiones opacaban a las verdaderas enseñanzas, y las brujas y los magos, así como los falsos monjes y curas proliferaban.

La corrupción, desde la parroquia más humilde y alejada, hasta las mismas entrañas del papado, era habitual, impune y descarada, así que el joven papa Juan se puso manos a la obra para hacer una limpieza profunda, y enmendar el camino de la Iglesia hacia Dios y hacia la gloria pura y santa.

Por supuesto, no tardó en tener problemas entre sus más cercanos colaboradores, que de pronto veían amenazadas sus haciendas y sus cuantiosas ganancias, pero el joven papa era firme y no cedió ni a los consejos ni a las tentaciones, ni a las trampas ni a las malas jugadas de sus colaboradores.

La papisa Juana

¿Qué hacer con un Papa tan recto? Intentaron asesinarlo, por supuesto, con veneno en la comida o con la daga del sicario traidor, pero Juan milagrosamente se salvaba, pues cocinaba sus propios alimentos, y tenía tal carisma con el pueblo, que nadie se atrevía a llevar a cabo un atentado en su contra.

Tan pulcro, tan sensible, tan esbelto, tan sabio, tan sincero, tan empático; quizá era sodomita, pero muchos otros obispos lo eran, y no se le podía atacar por ello.

Su confesor no hallaba pecado alguno en sus charlas, parecía un ángel incapaz de cometer pecado humano alguno, ni siquiera era soberbio, hasta que alguien, no se sabe quién, si una sirvienta, un mozo o su propio confesor, dio con una sospechosa mancha de sangre en su ropa interior, y de ahí empezaron a tirar del hilo de una de las peores blasfemias y ofensas que se le había hecho al papado en toda su historia: Juan no era Juan, Juan era Juana.

Lo sentaron en la silla papal de la comprobación, con un orificio en el asiento, y no encontraron nada, es decir, encontraron que no tenía paquete testicular ni colgajo alguno.

¿Cómo pudo pasar con éxito esa misma prueba al ser coronado? No se sabe, quizá algún ardid, pero esta vez lo tomaron por sorpresa, no iba preparado y descubrieron su feminidad, porque en una revisión más a fondo, descubrieron que tampoco estaba capado, algo que no era del todo inusual entre algunos prelados o novicios del coro.

La destitución fue fulminante, aceptada por la misma Juana al ser pillada en falso, pero todo lo discreta que se pudo, pues no querían que nadie se enterara de burla tan cruel al sagrado oficio de padre de la cristiandad o del catolicismo, que para entonces ya empezaba a ser lo mismo.

Había que borrar su existencia y su paso por el papado, como si nunca se hubiera dado, y borraron todo lo que pudieron, dieron al papa Juan por muerto, y todos contentos con su partida, pues la corrupción volvía por sus fueros.

La leyenda de la leyenda

Hay muchas versiones de la leyenda (o realidad que nadie quiere aceptar) de la papisa Juana, pues no falta quienes cuentan que fue descubierta cuando se le adelantó el parto, tras una aventura con un caballero goliardo, otro prelado o un príncipe de su natal Maguncia.

También se cuenta que la delató su propia desnudez en un baño de purificación ritual, por mucho que los ángeles se apresuraron a taparla.

Lo curioso del caso, es que la papisa Juana cuenta con una sólida y bien estructurada biografía, con lugar y fecha de nacimiento, padre misionero intentando convencer a los sajones, relaciones sociales y cercanía con la jerarquía eclesiástica, y después, nada de nada.

¿Para qué tomarse tantas molestias por una persona como cualquier otra de las clases medias y altas de la Edad Media, si al final no hizo nada de importancia? Ni idea.

Gregorio V, el primer papa alemán

De una o de otra manera, la historia de la papisa Juana llegó al pueblo, que dependiendo del celo del párroco del pueblo se enteraban, o no se enteraban, de quién era el papa en ese momento, si se moría, si se cambiaba, si era falso o si era verdadero, papa o antipapa, de tal manera que las historias y las historietas sobre los grandes prelados tardaban lo suyo en hacerse populares.

Por ejemplo, los papas llamados Gregorio de la Alta Edad Media, tuvieron buena fama, pero los Benedicto, no tanta.

Por ejemplo, Gregorio V, subió al papado por obra y gracia del rey germano, Otto III, su primo, con solo 24 años de edad, y con ese respaldo nadie se atrevió a dudar de su beatitud ni de sus logros.

Los Inocencio y los Bonifacio incluso llegaron a ser santos, mientras que el papa Sergio se la pasó peleando con Pascual, y con la Iglesia de Oriente, hasta que la muerte se lo llevó al cielo, porque al final también fue considerado santo.

Parece ser que el primer antipapa oficial, fue Hipólito, porque estaba en contra de la elección de Ceferino y Calixto como sumos pontífices, por considerarlos contrarios a las leyes fundacionales de la Iglesia (concordancia doctrinal); y Novaciano porque el papa electo pretendía rescatar el montanismo, un movimiento dentro de la Iglesia que quería rescatar el cristianismo primitivo.

No faltaron los papas que primero fueron elegidos oficialmente, y que poco después la Iglesia desconocía, ya sea por no seguir las doctrinas de moda, o por querer ser más papistas que el papa, como dicen que lo hizo la papisa Juana, y limpiar las suciedades de la Iglesia.

San Hipólito, el primer antipapa oficial

Papas arrianos (sin Cristo como hijo de Dios), como Félix II, y papas no arrianos (con Cristo como hijo de Dios), como Liberio, que eran aupados y desbancados según las tendencias de los concilios, y del apoyo de algunos monarcas.

Hay quien dice que con el apoyo del pueblo bueno y creyente, como aseguran los políticos de hoy en día cuando compran unas elecciones, pero la realidad es que a los pobladores del mundo medieval quién fuera el Papa, o quién dejara de serlo, les importaba un bledo, pues nada ganaban con uno o con otro, y la democracia estaba fuera de moda, es decir, el pueblo no votaba, si acaso aclamaba dentro de Roma al nuevo pontífice, tras recibir un trozo de pan y una bota de vino por cortesía de la Santa Sede.

Sí, para ser papa entonces, y tal vez ahora, se requería ser de buena familia, rica y poderosa, con sólidas relaciones políticas y militares, pues, como cuentan las leyendas medievales, hubo más de un papa que compró el puesto de sumo pontífice, como los de las familias Borgia y Médicis, entre muchos otros.

Si eran dos los poderosos a competir por el puesto, generalmente acababan en pleitos interminables, aunque hubo quienes se repartieron el pastel y otros que cedieron el lugar y reconocieron al ganador tras recibir un suculento puesto dentro de la curia romana como premio de consolación.

Durante los años 896 y 904, hubo un buen número de contendiente al papado, y se contó con varios papas y antipapas.

El caso más sonado fue el de León V contra Cristóbal, que aspiraban al mismo puesto y contaban con razones de peso, influencia y dinero para pretenderlo.

León V tomó la delantera y fue elegido papa a espaldas de Cristóbal, quien, lógicamente, quedó como antipapa, reconocido por la Iglesia, pero como antipapa.

El tercero en discordia, fue Sergio III, que también quería ser papa, y contaba con buenos argumentos para ello, pero que en un principio no fue tomado en cuenta por considerarlo menos poderoso. Divino error, pues Sergio, mientras los otros dos se disputaban abiertamente la silla papal, urdió un sencillo plan, degollar o estrangular a los dos, y quedarse con el puesto sin que nadie dudara que era el nuevo papa por claro designo, y en persona, del mismísimo Dios, y visto lo visto, nadie lo dudó.

Sergio III, por la Gracia de Dios

Para la mayoría de los poblados medievales Roma quedaba muy lejos, pero tarde o temprano se enteraban de los chismes de las cortes religiosas, y Papas como Sergio III, al final no pasaban desapercibidos del todo, pues la gente de la ciudad de Roma, que estaba en el centro de los dimes y diretes de la Iglesia, tarde o temprano esparcía las historias y los rumores de los santos varones.

Otra curiosidad de la Iglesia de la Edad Media, es que ser antipapa no estaba del todo vetado, por lo que muchos de ellos eran reconocidos antes o después de su muerte, y hasta santificados; mientras que los antipapas no oficiales, aunque pasaron a la historia eclesiástica, sí fueron vetados del todo y hasta considerados herejes, apóstatas, sacrílegos, satánicos o lo que fuera, sin derecho a ir al cielo, e incluso con serios problemas para vivir en esta Santa Tierra.

MILAGROS PAPALES

Para ser los representantes de Dios en la Tierra, no son muchos los milagros legendarios que se les atribuyen a los papas, y esa es una de las razones de que no todos hayan sido beatificados y convertidos en santos después de muertos.

Evitar la entrada de Atila en el siglo V, o de los árabes en el siglo XIX, en realidad no tiene nada de milagroso. Atila se frenó ante los godos y pactó con ellos, sin tener la menor idea de la reciente Iglesia católica, y mucho menos del papa; y los francos los que evitaron el avance de los moros en Poitiers.

Según las propias consignas católicas, todo santo debe tener por lo menos un milagro en su currículo, real o inventado, no importa, pero debe tenerlo para ser canonizado, y de eso se cuenta poco y se refieren más santos, santas, vírgenes y cristos crucificados, que a papas.

Las curaciones milagrosas del balneario de Lourdes son muy posteriores a la Edad Media, que en su tiempo ya contaba con manantiales mágicos curativos en los que no participaba la Iglesia, sino todo lo contrario, pues los satanizaba y decían que las aguas sulfurosas eran, claramente, cosa del diablo.

Juan Pablo II y Juan XXIII, los últimos papas milagrosos, son del siglo XX, y aunque la Iglesia misma sea un remanente medieval, ellos no lo eran, o al menos por cronología no lo parecían.

A la espera inútil de un milagro

Las personas del Medievo, como las de ahora, a menudo caían en trampas y estafas que les prometían milagros tras pagar unas bulas o tras hacer una peregrinación a tal o cual santuario, o comprando reliquias de lo más curiosas y absurdas, como el prepucio de Cristo, las lágrimas de la Virgen, las plumas de las alas del Arcángel Miguel, los clavos o las astillas de la Santa Cruz, el sudario de San Francisco de Asís, o lo que a la imaginación del pícaro, eclesiástico o seglar, se le ocurriera.

Las brujas y los magos también ofrecían milagros, pero generalmente salían más baratos que los que ofertaba la Iglesia, y no obligaban a nadie a ir a misa.

Creer en milagros es distinto a creer en la Madre Iglesia, pero el pueblo, de entonces y de ahora, no se ha distinguido nunca por su sensatez y mucho menos por su inteligencia, así que la esperanza de un milagro terminaba convenciendo a muchos.

Los que se sentían defraudados pronto se daban cuenta de que ni Dios ni el papa eran los milagrosos, aunque muchos se lo callaban.

Los que a pesar de haber sido engañados seguían creyendo y esperando que el milagro sucediera, animaban a otros a pasar por el mismo fraude que habían sufrido ellos, quizá por maldad o venganza consciente o inconscientemente, o simplemente para no sentirse solos en el engaño y en la afrenta, de la misma manera que hacen los fanáticos para intentar que los ateos crean, y así llevamos dos mil años sin que el creyente abra los ojos ni el ateo ceda.

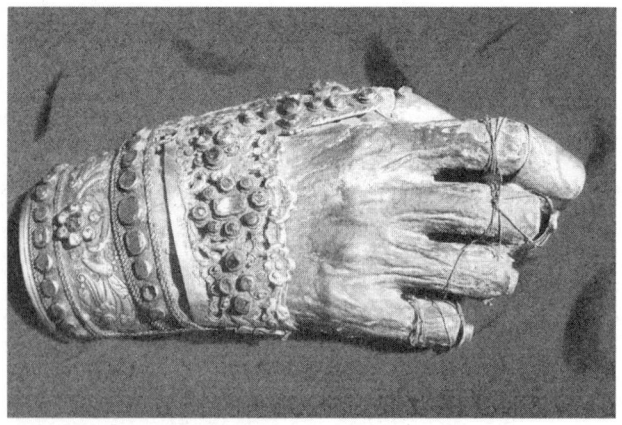

La mano incorrupta santa de San Juan Crisóstomo

A falta de reliquias, aparecieron los exvotos, figuritas de metal, cera o madera con forma del milagro que se pedía en cualquier parroquia o ermita considerada mágica y milagrosa. Las monjas, tan laboriosas ellas, sacaron provecho de los exvotos, e incluso se cuenta que llegaron a vender tierra santa de su convento para que la gente pudiera enterrar a sus muertos en casa y no en cualquier cementerio.

La salud y el mal de ojo

Sin embargo los milagros existen y existían en la Edad Media, tanto en los aquelarres como en las ermitas monacales, pues la mandrágora y la fe mueven montañas, aunque no enderecen torcidos de nacimiento.

Santiago en su barca de piedra

Santiago, antes san Jaime o san Yago, viajó en un barco de piedra hasta Vigo para enfrentar a la morería y coronarse como Santiago Matamoros, si bien se tuvo que esperar casi mil años a que los Reyes Católicos, junto con Portugal y el Vaticano, echaran a los musulmanes de la Península Ibérica.

La Pilarica, aunque a disgusto del sínodo papal, hizo que a un cojo le creciera la pierna perdida bajo un carromato, y eso sí que fue un milagro en toda la regla, pues solo las lagartijas son capaces de regenerar su cola, y los ajolotes hasta su cerebro, aunque no se ha vuelto a repetir entre humanos de manera milagrosa o natural, aunque sí con las debidas prótesis. La pata de palo, las muletas y los bastones ya existían, pero no pasaban de ser pequeñas ayudas y no grandes milagros.

Que una figura de yeso llorara o manara sangre, era todo un espectáculo, pero no iba más allá del asombro del amable auditorio, pues el milagro no redundaba en dones para los asistentes, aunque sí en limosnas para la parroquia.

Asistir a una quema de brujas, decapitación de un reo o descuartizamiento era también un espectáculo para el público medieval, pero sin milagro; aunque algunas leyendas cuentan que más de una bruja salió ilesa de las llamas y mató a sus verdugos con pérfidos encantamientos.

Eso confundía a los creyentes, pues en los pasajes de la Biblia que les leía el sacerdote de turno, los que se salvaban de las llamas, como el profeta Daniel, eran los buenos, y los malos los que acostumbraban a freír personas; pero en fin, el espectáculo era el espectáculo y servía de ejemplo y advertencia para los que no se fingieran acérrimos creyentes defensores de la ley, por lo menos durante la ejecución.

Quitarse la ojeriza, o mal de ojo; librarse de una maldición; quitarse un dolor de cabeza o de tripa; lograr el amor de un mozo o de una moza, o de los dos; recuperar la virilidad perdida; lograr o evitar un embarazo; quedarse con una herencia mal habida; encontrar algún tesoro; o simplemente perder de vista al vecino o a la vecina, eran los milagros más esperados y solicitados en la Edad Media, y eran servicios que se podían solicitar rápida y directamente a monjes, monjas, magos y brujas a precios relativamente módicos, pues la competencia era feroz y la gente buscaba lo más barato.

Los pecados se pagaban con penitencias, pero los milagros eran más exigentes, incluso los santos tenían sus tarifas, o mandas, que si no se pagaban, el milagro concedido se perdía y encima de castigaba con nuevos males al deudor o al mal tacaño.

"San Juan te lo dio, san Juan te lo quita, y además te castiga por no haber dado el óbolo al Señor"... ¡al señor cura!

Pide y te será dado, rezan las escrituras, y aunque no se te dé, pide, que por lo menos al pedir ganarás algo de tiempo; total, el simple hecho de estar vivo ya es todo un milagro.

IV

LA ESPADA EN LA PIEDRA O
¿DE DÓNDE SALEN LOS REYES?

*Entre tanto reino
y tanto feudo,
no hay por dónde
empezar la conquista.*
PROVERBIO ÁRABE

¿De dónde salen los reyes de la Edad Media? Durante el dominio de Roma los emperadores salían de generales sublevados o demasiado poderosos, como Julio César; elección más o menos popular, dinastías como la de los Antoninos; por capricho del Emperador de turno, en el caso de Calígula; o por designación directa, lo que hizo Marco Aurelio al imponer a su hijo Cómodo como César.

Pero en la Alta Edad Media, del siglo V al siglo X, y tras la llegada de los reyes godos al poder, más que reyes se dio la figura del señor feudal, pero para el siglo XI, ya en plena Baja Edad Media, los reyes brotaron como hongos en toda Europa, con el mito de la predestinación, la profecía, la designación o elección divina, y, por supuesto, de las familias feudales que ya se habían organizado y se habían inventado sus propios orígenes reales y dinastías, emparentadas unas con otras a lo largo y ancho del territorio europeo.

Los pactos y las alianzas matrimoniales fueron fundamentales para crear los cueros de la realeza, tanto que sus matrimonios eran incestuosos y a menudo condenados o desechos por el papa de turno.

Prestarse a las esposas para tener descendencia que pudiera heredar la corona no era nada raro, pero debía hacerse con dispensa papal, así la promiscuidad y el incesto por lo menos tenían el visto bueno de la Iglesia.

Egilona, reina goda y reina mora

Sin embargo, y como si de una propaganda nortea-
mericana se tratara, durante un buen tiempo se dijo
que cualquiera podía ser rey o señor feudal en la amplia y noble Europa. Pero había que tener el visado de
la Iglesia católica, sí, y quizá un buen ejército si la ambición lo ameritaba, o podía bastar con un buen matrimonio, como los de Egilona, que pasó de ser reina
goda a ser reina musulmana; o los de Gala Placidia,
que a pesar de los pesares siempre fue reina consorte.

También se podía llegar a una corona o feudo más
o menos pequeño, tras la muerte accidental del cacique del poblado o la región, o por medio de dispensas papales, e incluso simplemente reclamando un
territorio que no le pertenecía legal y oficialmente a
nadie.

Cuando se desmembró el Imperio romano, muchos caciques, tanto romanos como locales, se fueron
haciendo de tierras que antes pertenecían a Roma,
pero que con la llegada de los reyes godos, primero, y
de los árabes, después, hubo territorios que no los re-
clamaban los grandes señores, entre montañas y bosques, o incluso en explanadas de apariencia yerma,
que fueron pasando de mano en mano y de generación en generación de señores feudales que con el
tiempo fueron nombrados lores, marqueses, condes,
senescalcs, y uno que otro llegó a ser rey al grito de
"¡el rey ha muerto! ¡Viva el rey!"

Hubo quien, sabiamente, reinó en las sombras y
dirigió naciones enteras sin necesidad de que le pu-
sieran una corona en la cabeza, pero la vanidad es
poderosa y la mayoría de los "usurpadores" se pro-

clamaron reyes por elección divina, por una antigua profecía, o por un reto superado.

Se podía ganar un feudo en un torneo; un castillo en una apuesta; una princesa por arte de magia; un territorio por vengar una afrenta; o sacando una espada hincada en una piedra, como en el caso del mítico rey Arturo, o Artús o Artur, como le llaman los catalanes románticos para hacerlo algo suyo, un elegido para reinar a pesar de no ser de origen noble ni divino:

ARTURO EL ELEGIDO

—¡Dios me eligió para ser tu rey!
—¿Habló personalmente contigo?
— No, pero me mandó señales divinas.
—¿Cuáles?
—¡La muerte de mis enemigos!
—Como quién...
—Como tú, comprenderás.
—¿Y esa espada?
—La saqué de una roca
que estaba hundida en el río.
—¡Imposible! ¿Quién es tu testimonio?
—Esta espada es mi testigo,
¡muere ahora!
—¿Por qué muero, mi señor?
—Por dudar de lo que digo.

Las cosas de las cortes siempre han estado alejadas

del pueblo llano, y en la Edad Media lo estaban aún más.

El Imperio romano mantuvo unas buenas comunicaciones con sus provincias, dentro de lo que cabe gracias a los mensajeros y correos de entonces, pero buena parte de este entramado se perdió en la Edad Media, quedando muchas poblaciones aisladas de la correspondencia eclesiástica, pues no había todas las parroquias que el Vaticano hubiera deseado, y las que había en las poblaciones pequeñas ni siquiera mantenían contacto con el monasterio o el convento de al lado, pues de eso se encargaban los nuncios y las jerarquías que estaban en las urbes más pobladas.

No es broma cuando Monty Phyton, el célebre grupo humorístico inglés, retrata a la Inglaterra Medieval en *Los caballeros de la mesa cuadrada*, donde los campesinos desconocen incluso quién es su rey, y desconfían del cacique de la región, o señor feudal, del que huyen para que no les quite parte de sus cosechas.

Muchos labriegos vivían entre sicarios y ladrones, que para ellos era más o menos lo mismo. Los sicarios decían representar al feudo y ser legales y oficiales, y los ladrones decían representar al pueblo, pero ambos les robaban igual y pretendían vivir sin labrar el campo y sin acarrear a las vacas y a las cabras.

"Somos una comuna anarco sindicalista, y no tenemos rey alguno", dice un campesino medieval a un caballero que se pretende rey de la comarca, quitándole toda legitimidad para reinar, una legitimidad que a menudo se construía con la espada si la excusa de la herencia o de la elección divina no funcionaba.

—¿Quién vive en ese castillo?

—Ahí no vive nadie, es un refugio de maleantes y de ratas, gris, frío y húmedo, y a nadie de nosotros se nos ocurriría pasar una sola noche ahí.

Muchos de los castillos medievales ya eran una verdadera ruina recién construidos, sin ninguna comodidad, de gruesas paredes y estrechas ventanas, suelos rústicos y polvosos, y humedades por todos los rincones donde los bichos hacían su morada, y sin dónde defecar tranquilamente, pues el agua corriente y las letrinas no se usaban, y las esquinas se cubrían de inmundicias que mal se tapaban con tierra o con grava.

Las habitaciones estrechas y mal orientadas, las escaleras mal hechas y las torres, siempre de difícil acceso, mal planeadas.

Algunos castillos podían ser algo imponentes por fuera, pero por dentro eran incómodos y nada funcionales. Lo mejor de muchos eran las cocinas y las cuadras, pues por lo menos eran amplias, y eran más higiénicas que los cuartos de las damas.

No todos estaban amurallados y situados en lo alto de una montaña, por cuestiones de seguridad, pero todos pretendían ser pequeñas o grandes fortalezas, obras con pretensiones faraónicas para mayor gloria de sus ocupantes.

Los primeros castillos de la Alta Edad Media, eran los peores, pero no los menos pretensiosos.

Muchos de ellos quedaron pronto en ruinas, pero

otros se conservan hasta nuestros días, ampliados y rediseñados en algunas ocasiones, o bien rescatados, limpiados y más o menos remodelados por las autoridades locales; como el Castillo de Xàtiva, de origen íbero, es decir, de antes de nuestra era, que luego fue godo, después árabe, pasando a ser católico en la reconquista, y finalmente del consistorio municipal que lo explota como atracción turística.

Castillo de Xàtiva

Miles de castillos medievales se encuentran por toda Europa, algunos redescubiertos como si fueran antiguas piezas arqueológicas, y lo son, llenos de misterios y hasta de curiosos fantasmas, donde alguien quiso alguna vez ser ese rey elegido de Dios, y que los demás lo reconocieran y aceptaran como tal, aunque a diez kilómetros de distancia estuviera levantado otro castillo con otro noble caballero que pretendía lo mismo: reinar y que el pueblo le rindiera vasallaje.

Por supuesto, el Vaticano, como el más listo de la clase, supo capitalizar estas pretensiones, y dar el visado de rey, conde, marqués o lo que fuera, al que saliera triunfador de unas batallas, o al que pagara más y mejor el favor del papa.

Un rey se imponía a los señores feudales, por las buenas o por las malas, lo mismo que los señores feudales se imponían a los campesinos, libres o siervos; luego el rey nombraba jefes de comarca, o marqueses, y por encima de ellos a los duques con sus ducados, para rematar con los condados de los condes, y así establecer una jerarquía, gustara o no gustara a todos, con las infinitas guerras y batallas que ello requería, y el visado papal final, que duraba lo que duraba un papa o lo que duraban los intereses del Vaticano.

Un verdadero caos de lo más organizado, donde la promesa de que "cualquiera puede ser Rey", era más un mito y una fantasía que una realidad.

EL CAMPESINADO MEDIEVAL

Sin Arturo que sacara la espada de la piedra para coronarse rey, los campesinos medievales se dividían en tres grandes categorías:

- Los campesinos libres de propiedad alodial.

- Los campesinos siervos, sin propiedad alguna y propiedad del señor feudal.

- Los campesinos libres, pero sin tierras, nómadas que se alquilaban por temporada.

Campesinos libres

Los campesinos libres eran dueños de sus tierras desde tiempos inmemoriales, quienes a veces se juntaban con otros campesinos libres y formaban comunas para tener más poder y protegerse de invasiones y envidias.

Vendían sus productos o los intercambiaban, y surtían a conventos, monasterios, castillos, puertos y centros urbanos con actividad comercial.

Campesinos medievales libres

No tenían ni reyes, ni señores feudales ni nadie que los mandara y organizara, pues ya lo hacían desde siempre, e incluso carecían de parroquias o de curas que los controlaran. Con el tiempo fueron cediendo a las exigencias de los reinados, y a la intromisión de la Santa Madre Iglesia, pero mantuvieron buena parte de su independencia prácticamente hasta el siglo XX, sin tener que pedir permiso a nadie para elegir lo que sembraban y cosechaban, ni para viajar o para casarse, y mucho menos para tener el culto religioso que les apeteciera, o para no tenerlo, si bien es cierto que obedecían las leyes generales y la mayoría acabaron siendo católicos.

En cierta forma vivían apartados de todos y de todo, pero eso no les impedía salir de sus territorios y conocer el mundo que les rodeaba. Simplemente en sus campos no mandaba nadie más que ellos mismos.

Campesinos siervos

Los campesinos siervos eran hijos o nietos de los esclavos griegos y romanos, es decir, siempre habían pertenecido a un señor, amo, patricio o lo que fuera, con lo que pasar a la vida estática y restrictiva de los feudos no les vino de nuevo.

Algunos se convirtieron en campesinos libres a la muerte de un amo o señor que murió sin descendencia sin parentela interesada en las tierras o en el feudo; o bien fueron manumitidos (liberados) y continuaron con su oficio, sin del todo dueños de las tierras que labraban, pero sin ser siervos de nadie.

Los que quedaron como siervos no podían hacer nada sin el permiso de su señor, como casarse, tener hijos, viajar, intercambiar o comerciar por su cuenta, y mucho menos practicar cultos religiosos que no fueran los católicos, aunque lo hacían, a escondidas y bajo amenazas de crueles castigos o hasta de perder la vida, pero lo hacían.

También engañaban a sus señores con el peso o abundancia de la cosecha, partían las olivas para decir que se habían echado a perder, cocinaban una olla a la que llamaban "podrida", una verdadera delicia, para que al amo le diera asco, y se guardaban los pequeños y grandes tesoros que iban encontrando en su trabajo.

Algunas mozas ejercían el derecho de pernada para tener a sus hijos bastardos bien colocados en el castillo feudal; otras apostaban por el celibato o la vida monacal; y no faltaba la que se casaba con alguno de sus amos, y pasaba de obedecer, a mandar; pero la mayoría se dedicaban al campo y a asistir a la Iglesia, donde aprendían a coser, a cantar y a bailar, gozando de una libertad que tenían prohibida.

Los mozos hacían sus trapicheos para tener un par de monedas para gastar en las ventas o en la cantinas, trabajaban de sol a sol y de vez en cuando enamoraban a las doncellas del palacio feudal, o a las cocineras que eran mejor plato.

Algunos se escapaban para conocer mundo, otros se hacían curas o monjes "para mejor medrar", y no faltaban los que lograban un buen matrimonio con la gente del castillo y pasaban a ser libres, pero opresores de sus antiguos hermanos, tanto por soberbia y maldad, como porque ya les conocían las mañas y los engaños que se le hacían a su señor feudal.

"No hay nada peor que un converso, y para que la cuña apriete, ha de ser del mismo palo".

CAMPESINOS LIBRES SIN TIERRA

Hubo una tercera categoría de campesinos, los menos, que no tenían tierras, pero tampoco eran siervos, por lo que pagaban un arrendamiento, generalmente en especie cada cosecha, a los campesinos libres o a un señor feudal cualquiera.

Viajaban en grupos familiares y a veces se ofrecían como jornaleros por temporada de siembra o de cosecha, de la misma forma que lo vienen haciendo hoy en día por medio mundo.

Tenían sus propias leyes y normas, pero se adecuaban a las del lugar de trabajo. En estos grupos podía haber moros, cristianos, gitanos y lugareños huidos o exiliados, incluso campesinos libres venidos a menos.

Su vida era independiente, pero dura, pues en algunos feudos no los dejaban entrar y ni siquiera pasar por sus tierras, ya fuera por prejuicios o porque los siervos los consideraban competencia desleal. "De fuera vendrán que de casa te echarán."

Los campesinos siervos vivían más restringidos, pero con mucha más seguridad, con techo, ropa y comida garantizados de por vida y de generación en generación, y no lo querían compartir con nadie más.

LA DIFERENCIA

En la Edad Media los varones, nobles, villanos o campesinos, tenían que trabajar, luchar, matar, ir a la guerra, robar o hacer lo que fuera necesario para subir en el escalafón social y así aspirar a un feudo o a una corona, cualquiera que esta fuera; pero las doncellas tenían otros medios para ascender socialmente y llegar a ser señoras de un feudo o, incluso, a ser reinas.

Hay leyendas de astutas y sabias mujeres que llegaron a ser coronadas, unas por ascendencia y otras por saber lo que querían, sin tener que sacar espada alguna de la piedra.

DOÑA URRACA, ENAMORADA

Cuenta la leyenda que en un feudo, famoso por sus uvas y aceitunas, había una joven doncella que no estaba a gusto con nada.

—*¿Qué deseas, hija mía?* —*su padre le preguntaba.*

—*¡Un príncipe y una espada, señor padre!*

—*Espadas hay de sobra en el castillo, hija mía, escoge la que más te cuadre.*

—*Ninguna, pues ninguna ha brotado del lago, ni ha matado varios ogros, ni ha estado clavada en la gruesa roca de la montaña. Yo quiero una espada mágica.*

—*Habrá que buscarla en el bosque tenebroso. ¡Un príncipe debe hallarla! Pero tampoco tengo príncipe que darte.*

—*Anuncia mi puesta de largo, padre. Y un torneo, para*

que el mejor caballero me gane... pero que sea uno de noble cuna, un príncipe, eso quiero, padre.

¿Fue la Urraca I de León?

—*Eres muy joven.*

—*¿Joven? ¡Casi una vieja!*

—*Estás por cumplir los quince...*

—*Pues ya soy mujer, tengo la muestra cada finales de mes.*

Tras mucho repetir la misma conversación, don Rodrigo, el Señor Feudal, por fin a su hija cedió.

—*¡Qué así sea! ¡Preparad todo en palacio, tendremos muy grande fiesta!*

Se mandaron mensajes a todos los nobles de las cerca-nías, y a otros de un poco más lejos; a comer y a beber gra-tis todos vendrían, y a medirse en un torneo que da fama, para ganarse una esposa y así colocar a su hija.

Mientras tanto doña Urraca, caprichosa como era, em-pezó a dudar de sus deseos, pues en las cuadras vio a un imponente mancebo que se le iba, poco a poco, metiendo en el mundo de sus sueños.

—¿Quién es? -preguntó a su aya.

—Quién va a ser, es Juan el de los caballos, viejo siervo de este feudo.

—Cómo no lo había visto.

—Los ojos permanecen ciegos cuando no viene Cupido y los abre para mantenerlos despiertos.

Juan ya no era joven, barba entrecana y pelo negro y crespo, de caminar ligero y de semblante altanero. Fuerte como un roble, viril, valiente, directo, con una voz que im-ponía a los otros criados, como si fuera un señor, como si fuera un maestro.

—¿Tiene mujer?

—No, no la tiene, es célibe o bien soltero, algo raro, pues las mozas bien le guiñan el ojo y le mueven el pandero. No se sabe si las toma, pues también es muy discreto y solo habla lo indispensable.

—¿Su madre?

—No tiene padre ni madre, nació y quedose huérfano.

—Dile que suba.

Fue la aya a decirlo, pero Juan la miró fiero.

—No sube.

—¿Cómo se atreve?

—Dice que se prefiere vivo y vos enfadada, que él muerto

*y vos contenta. Recuerda que es solo un siervo de don Ro-
drigo, y a don Rodrigo solo obedece.*

*Doña Urraca, despechada, lo amaba y también lo
odiaba; cada que tenía ocasión le hacía guiños la malvada,
y cuando lo notaba tierno, le gritaba e insultaba.*

*Se vino la celebración y el torneo, que ganó Bartolomé,
un príncipe de otro reino, joven y bastante alto, ni muy
guapo ni muy feo, más bueno y tierno que el pan, confiado
y también sereno.*

*Doña Urraca se casó, y con ella se llevó a Juan como su
cochero, regalo de don Rodrigo sin sospechar el trasiego.*

*Bartolomé de las Tapias, era príncipe heredero, y como
tal, sin dudarlo, un príncipe aventurero que prometió a
doña Urraca una espada de los bosques, de los lagos o del
trueno, poderosa y bien templada, mágica conquista reinos.*

¿O fue la Urraca de Portugal?

—¿Matarías por mí un dragón, Bartolo de mi corazón?

—¡Claro que lo mataría!

—¿Y a una serpiente gigante?

—¡Por tu capricho lo haría!

—¿Y a un ogro feroz, y a una quimera o a una arpía?

—¡A todos, sea por tu honor, seguro los mataría!

Así el buen Bartolomé, se ausentaba varios días para buscar esa espada, o para matar a la arpía que decían que habitaba en las montañas nevadas de la vieja serranía.

Mientras tanto doña Urraca, amante del lujo, y también de la familia, varios hijos dio a Bartolo, y Bartolo, apesumbrado de no encontrar un dragón, ni una espada, ni un mal ogro ni una arpía, se contentaba mirando a sus hijos y a sus hijas, único en no darse cuenta que no se le parecían.

Hasta que un día su madre, un verano de visita, sin querer se lo insinuó.

—Juanito, tu hijo mayor, es diestro en caballería, y tan pequeño, digo yo, como si trajera en la sangre tan docta sabiduría.

El rumor es el rumor, y corrió en toda la villa, "huye Juan, ¡lárgate ya!, que corre peligro tu vida", parecía el aire gritar entre vecino y vecina.

Juan esa noche escapó, pero antes se acercó a doña Urraca, en la cocina.

—¿Me amas?

—Claro que te amo, tonto, te amo más que a mi vida.

—¿Vendrás conmigo?

—Creo que no, que el amor aunque sea bueno no paga tanta comida como la que como yo. Huye solo, es lo mejor.

—¿Y tú?

—No sufras por mí, mi amor, que una mujer, como yo, sabe hacer que la verdad parezca una burda mentira.

De Juan no se supo más nada.

Al poco Urraca enviudó pues Bartolo la palmó entre tanta correría para satisfacer los caprichos de su adorada familia, y con Ataulfo casó, a la guisa su cuñado, y en reina se convirtió, de la espada se olvidó con el gobierno en sus manos, y en otro siervo encontró los servicios tan preciados.

¿Moraleja?

No hay moraleja en la historia, pues son cosas del vivir que puedes padecer y sufrir, o bien gozar y disfrutar, si hay una Urraca en tu vida.

"No todos pueden ser rey ni todas pueden ser reinas, pues si todos fueran reyes y todas fueran reinas, ¿quién los serviría?". La gran mayoría de los seres nacen pobres, esclavos o siervos, y así morirán. Puede haber un negrito en el arroz. O un garbanzo de a libra. Sangre nueva. Uno entre millones que la libra y asciende hasta lo más alto; pero solo uno, los demás se quedan como estaban, o peor.

LA PROFECÍA

Una profecía, como una de otras tantas que en aquel entonces hubo, decía:

Será un humilde pastor quien gobernará esta viña, porque así lo manda Dios. Nacerá un día como hoy, varón, grande de corazón, fuerte como un león, noble, valiente, bondadoso y de amplia sonrisa.

Nadie sabrá quién su padre, su madre, una santa, humilde y fina.

Tendrá una marca en el brazo con forma de media luna.

Su infancia será muy dura, más no perderá la alegría.

Un rayo de luz será la señal bien convenida, que cegará al enemigo, y le dará potestad sobre esta tierra mía.

El pueblo lo adorará, y solo en él reconocerá el mando y la gallardía, y será nombrado Rey sin pena ni tiranía.

V

LOS DRAGONES Y LOS CABALLEROS
DE LA MESA REDONDA

> *Las ideas, los sueños,*
> *los pensamientos,*
> *son arquetipos comunes*
> *al grueso de la humanidad,*
> *símbolos que compartimos*
> *desde el principio de los tiempos.*
>
> *JUNG*

En mis tiempos escolares no comprendía porque la Alta Edad Media era la primera parte, y la Baja Edad Media era la última parte, porque para mí lo bajo era lo que empezaba, y lo alto donde todo culminaba.

A veces sigo sin entenderlo del todo, y me confundo un poco, pues mi lógica de que lo que está abajo es lo primero, y lo que está en lo alto es lo que lo culmina, domina mi pensamiento, lo que me obliga a rectificar de vez en cuando mis criterios de orden y cronológicos.

Luego están las diferencias entre expertos, en cuanto a fechas y citas, y la sospecha, tal vez pueril, de que no me lo están diciendo todo, o que me dicen demasiado con datos y fechas, para al final no decirme nada, o al menos para no desvelarme lo que me interesa.

Historias reales convertidas en mitos; mitos irreales convertidos en historia.

Luego está la información artística, los lugares comunes de las series de televisión y de las películas, donde lo fantástico es posible y lo real imposible, o todo una mezcla que se convierte en un *vox populi* donde todos parecen estar de acuerdo, total, porque al final es todo fantasía, como la vida misma.

Los míticos dragones aparecen en varias leyendas, tanto en la Edad Media como en otras épocas, a pesar de las distancias de tiempo y espacio, por lo que cabe preguntarse cómo es posible que esa misma figura imaginaria sea común a tantos pensamientos que no tuvieron contacto entre ellos.

Los dragones milenarios chinos y los dragones medievales, sin dejar de lado a los dragones escandinavos ni a los semíticos o latinoamericanos, sin que esos pueblos hubiera coexistido ni intercambiado conocimientos, reales o míticos, nos llenan de preguntas y hasta nos hacen pensar que los dragones sí existieron, o al menos que están inscritos dentro del inconsciente colectivo de varios pueblos.

¿Tenemos una memoria genética común los seres humanos, y de ella se desprenden mitos y figuras reales o simbólicas?

Jung diría que sí, que hay arquetipos comunes en todas las mentes humanas a pesar de las diferencias de cultura, distancia y tiempo.

Mito o realidad de los dragones

Para algunos son la representación del mal. Un mal que hay que matar o superar.

Pero para otros representan el poder. Un poder que se ha de dominar para bien gobernar.

También representa a las pasiones humanas, como el sexo y el enamoramiento, la lucha biológica y genética por competir contra los demás para quedarse con la mejor hembra o con el mejor macho.

Algo a criar, crear, domesticar, vencer y superar; o bien la suerte, la fortuna, buenas o malas, el mismo destino que no se puede evitar ni cambiar, pero sí comprender y utilizar en nuestro favor. Algo que inspire y que trascienda.

Algo que despierte y que mueva la conciencia, y que nos haga percibir y sentir: "Esto ya lo soñé, ya lo viví, es una señal, pero no sé qué es lo que va a pasar después", algo que muchos decimos y sentimos como si la vida no tuviera otra cosa mejor que hacer que repetirse para señalarnos una pauta del destino, pero que es muy real para todos y cada uno de nosotros.

Los valores del Dragón

Ante lo inspirado, lo visto y lo sentido nos preguntamos:

¿Tengo que luchar, tengo que aprovechar la señal, tengo que dejar las cosas tal y como están, tengo que fluir, tengo que dejarme llevar porque la suerte sabe a dónde me lleva, o tengo que hacerme amo y señor de mi destino.

¿Qué dragón es el que tengo enfrente?

¿El de la suerte?

¿El de la abundancia?

¿El de la lucha?

¿El del amor?

¿El del mal, la muerte y la venganza?

¿El de los viajes?

¿El del destino?

¿Lo tengo que vencer?

¿Lo tengo que educar y amaestrar?

¿Lo tengo que aceptar tal cual es?

¿O lo tengo que dejar en paz y que cada quién siga su camino?

Matar o no matar al dragón, he ahí el dilema, aunque en la Edad Media, todo caballero que se preciara de serlo tenía que matar al dragón, pues en ello le iba la fama y las dádivas de los señores feudales de la Alta Edad Media, o de los monarcas recién impuestos en la Baja Edad Media.

No hay que olvidar que santa Margarita mató a un dragón con el filo de su crucifijo, y eso que en el siglo III los crucifijos aún no estaban de moda, y sí el ictus, o dibujo de pez minimalista que simbolizaba en aquel entonces al cristianismo.

Como mito y símbolo, los dragones han poblado la imaginación, y hasta las nubes, de muchas regiones del mundo, medievales y no medievales, con alas, garras, pecho de diamantes, aliento de fuego, y pasión por la lucha de la existencia y de la vida diaria.

¿Hubo realmente dragones? En la mitología de la Edad Media claro que los hubo, y para muestra un botón en forma de villano romance:

LA GRAN VILLA DEL DRAGÓN

En un pueblo de montaña,
allá por el año mil,
tuvimos un gran dragón
al cual lo nombramos Pliff,
como el ardiente soplido
que salía de su nariz.

Todo el mundo envidiaba
tan grandiosa posesión,
pues no todo pueblo tiene
a un admirable dragón.

Buenos cuartos nos dejaba
porque era la atracción,
además de protegernos
de ladrones de ocasión.

Lo amábamos, nos amaba,
cual caballo corredor,
no había mejor compañero
en ninguna otra región.

¿Volaba? ¡Ay, si volaba!
¿Comía? Poco comía,
las manos y los pies lamía,
y sin embargo un mal día
hicimos de él chicharrón.

*No lo mató un caballero
ni raptó nunca princesa,
lo servimos en la mesa
con dolor de corazón.*

*No hubo misterio ni bruja,
fue un mal que le atacó
como ataca a tanto niño:
le dio hipo, ¡y se quemó!,
le ayudamos a lanzadas
para no quemarnos, no,
pues a cada golpe de hipo
quemaba a su alrededor
todo lo que ahí se hallaba
sin quererlo, y se murió.*

*No nos dejó descendencia,
pero sí mucho carbón
que vendimos a destajo
como final solución.*

*Créaselo quién se lo crea,
fue realidad, no ficción,
por eso este pueblo se llama
la Gran Villa del Dragón.*

CABALLEROS OFICIALES DE LOS REINOS

Durante la Alta Edad Media, para ser caballero bastaba con tener caballo y espada, o lanza, o simplemente con tener espada y andar por ahí desfaciendo entuertos o buscando princesas y dragones, pero con el tiempo y ya en la Baja Edad Media, a caballo entre las dos o tres Cruzadas, la caballería se convirtió en algo serio, en una orden, grupo u organización revisada y visada por un rey o una reina, que le ponía la espada sobre el hombro al aspirante, con el filo muy cerca del cuello para probar la lealtad y la sumisión del que deseaba ser caballero.

Se debía tener ciertos méritos, como ganar torneos, derrotar a los enemigos en diferentes batallas, contar con un buen castillo y hasta con un buen ejército, tener riquezas para apoyar a la corte, e incluso profesar la santa religión católica, por si faltaba algo.

Caballero haciendo méritos

Ser de la familia ayudaba, pero no siempre se daba el caso para ser de la orden de caballería y formar parte de los grandes de la corte.

Hubo caballeros bretones, caballeros normandos,

caballeros sajones, caballeros hispanos, todos con sus leyendas y aventuras, como el famoso Caballero Negro, no por raza, sino por la armadura, que guardaba celosamente su identidad y que prefería oro y joyas antes que princesas cuando ganaba los torneos, cosa que hacía habitualmente.

No faltaron en las leyendas ni el Caballero Gris ni el Caballero Blanco, donde el Gris era un mago o un sabio, y el Blanco una especie de santo o hasta un ángel.

SANTOS Y CABALLEROS,
O CABALLEROS Y SANTOS

La Iglesia no podía dejar pasar la oportunidad y tuvo a sus propios caballeros:

San Jacobo, o Santiago, fue un caballero celestial que hizo la guerra a los moros en Compostela.

San Gabriel un caballero consejero e inspirador, salvador de otros caballeros, que llevó a muchos reinos a entenderse con el Vaticano.

San Miguel, no podía faltar, fue un caballero guerrero, pero también evangelizador, que convirtió en monjes o sacerdotes a otros caballeros, como al italiano Guido, que además también sacó una espada de una roca antes de convertirse a la vida monacal.

San Jorge (o Jorge de Capadocia), el que derrotó al dragón y salvó a la princesa, un caballero con toda la barba y todo el romanticismo legendario y literario.

Incluso san Valentín, que no era mucho de enamoramientos, fue un preciado caballero medieval.

LOS CABALLEROS DE LA MESA REDONDA

Los más famosos, sin embargo, no eran tan santos, como Rolando el Furioso, o como los doce caballeros de la mesa redonda, que escogió el recién coronado Arturo como Rey de Bretaña en Camelot.

Al Rey Arturo se le sitúa en diferentes leyendas; en una de ellas es un monarca que lucha contra la invasión de los romanos en Bretaña, sobre el siglo III de nuestra era; pero la más popular data del siglo X o del siglo XI, tiempo de Cruzadas, que logra el trono gracias a la profecía de la espada en la piedra, para luego formar su reinado en Camelot, y más tarde, ya un poco mayor de edad, crear su cuerpo de caballeros.

Versión adulta del Rey Arturo

Ricardo Corazón de León no le iba a la zaga, y hasta se tropiezan en fechas, pero este rey, que volvía de las Cruzadas, no formó orden alguna de caballeros que se sepa.

Aunque hay miles y cada región defiende a los suyos (caballeros, *chevaliers*, *militis*, *sires*), los caballeros de la mesa redonda son los más famosos, y el Rey Arturo era uno de ellos:

- **Arturo**, Rey de Bretaña y fundador de la orden, gracias a las señales divinas que lo llevaron hasta la espada enterrada en un roca, la cual desenterró, para que se cumpliera la vieja profecía.

Sir Bors, a la ayuda de una doncella

- **Sir Bors**, el Desterrado, descendiente y hermano de los reyes galos, y compañero de Arturo tras las Cruzadas y en su ascenso a la corona; desterrado de sus páramos, se fue a las islas en busca de la fortuna que no encontró en su propia tierra; siempre jovial y noble, dispuesto a las aventuras que le salieran al paso, sobre todo si tenían que ver con hacer justicia y castigar a los facinerosos, porque no bastaba con el título de caballero, sino que había que demostrarlo todos y cada uno de los días de la vida.

Decapitando al Caballero Verde

- **Sir Gawain,** el caballero filósofo, pero duro y poderoso, hijo de la bruja Morgana y del Rey Lot, brillante de alma y defensor de los pobres, pero con una mancha en el pasado de su familia, que intentaba limpiar en todo momento para recuperar su buen nombre, pues dos de sus hermanos habían muerto tras desafiar a Lanzarote. Es protagonista del manuscrito medieval en verso, *Sir Gawain y el Caballero Verde*, al que finalmente decapita por honra propia y mayor gloria del Rey Arturo.

Sir Perceval en busca del Santo Grial

- **Sir Perceval**, el ágil, el veloz, el de la figura estilizada, hijo de reyes o de caballeros, criado en Gales por su madre, que no lo quería caballero bruto y violento, sino cultivado, fino y estudioso doctor. Sobre él hay todo tipo de leyendas, pues su verdadero origen es incierto, y aparece tanto en el Norte como en el Sur de Inglaterra matando monstruos y rescatando princesas, que a menudo eran sus primas o sus hermanas, y que sabían y guardaban en secreto el lugar donde se encontraba el Santo Grial, pretendido por muchos por su inestimable magia y valor, que cura heridas y alarga la vida, y el cual Sir Perceval nunca logra conseguir.

- **Sir Pellinore**, El Rey de Islas de Gales, hermano de reyes, valiente caballero que anda en busca de la Bestia Aulladora (cabeza de serpiente y cuerpo de leopardo), terrible monstruo de los bosques, para encontrarlo y acabar de una vez con él. El encuentro con Arturo no fue muy afortunado, ya que Pellinore era una verdadera bestia de combate y derrotó a Arturo en tres torneos seguidos tras romperle a Excalibur, la mágica espada clavada en la piedra, e incluso estuvo a punto de matarlo, cosa que no sucedió porque Merlín intervino en favor de Arturo y su real destino, recomponiendo además a Excalibur. Finalmente se hicieron amigos y camaradas de aventuras, por lo que Arturo lo nombró uno de sus más excelsos caballeros.

- **Sir Bedivere**, el leal, sanador de Arturo tras una cruenta batalla en la que el Rey salió bastante maltrecho y herido, por lo que además le llamaban el cuidador o el médico, el que sabía de pócimas y de remedios. Tan joven o tan viejo como Arturo, lo acompaña en muchas de sus gestas, siempre fiel y dispuesto a dar la vida por su monarca. Todo parecía indicar que a la muerte de Arturo, Sir Bedivere accedería al trono, trocando su lealtad en ambición, pero sorprendió a todos porque cuando por fin murió Arturo, Bedivere sufrió tanto su ausencia, que abandonó los blasones de la caballería y se retiró a la montaña para vivir como anacoreta o ermitaño.

Sir Galahad, el casto

- **Sir Galahad**, el casto, de origen bastardo o incierto, es uno de los más míticos caballeros de la mesa redonda, y uno de los más brillantes y jóvenes. Unas leyendas dicen que es hijo de Lancelot y la princesa Elaine, quien se disfrazó de Ginebra para seducir a Lancelot, y tener un hijo del más célebre de los caballeros. Cuando Lancelot lo lleva a Camelot, el engreído muchacho se sube encima de la mesa y salta al único asiento vacío, el Asiento del Destino, o el Asiento del Peligro, destinado por Merlín para el caballero que estuviera predestinado a dar con el ansiado Santo Grial. "Solo un caballero noble, valiente, casto y puro podrá beber del cáliz sagrado", y Galahad parecía cumplir con la demanda. "Quien beba del cáliz sin tener un corazón puro, morirá dolorosamente y sin remisión".

No se sabe si al final y tras la muerte de Arturo, Galahad se mantuvo virgen y pudo beber del Santo Grial para gozar de salud y vida eterna.

- **Sir Gareth,** segundo hijo del Rey Lot y de la bruja Morgana, se acercó a Camelot disfrazado de criado, y se hizo ayudante de cocina, con la intención de ir subiendo en el escalafón hasta lograr ser caballero. Despreciado por las damiselas cortesanas, sobre todo por Lynette, pues aunque se sentía atraída por él, que fuera mozo de cocina no la seducía nada. Por azares del destino, Gareth, el de las manos hermosas y corazón de poeta, siempre amable, pulcro y servicial, tuvo que enfrentarse a los Caballeros Negro, Verde, Rojo y Azul, y los vencoió sucesivamente, pues todos cayeron al confiarse en que un criado no sabría pelear ni enfrentarlos. Lynette entonces le abrió su corazón, pues además su verdadera identidad real quedó desvelada y Arturo lo nombró caballero; pero, según unos, Gareth la despreció en venganza por los desaires a los que lo había sometido, y se casó con Lyonesse, la hermana menor de Lynette, para hacerla sufrir más. En otras versiones, tras darle una que otra lección de humildad a Lynette, decide casarse con ella.

Sir Gareth, venciendo al Caballero Rojo

- **Sir Kay**, el hermético, Senescal de la Bretaña, hijo del rey Héctor, y hermanastro de Arturo, pues sir Héctor es el padre adoptivo de Arturo, y lo crio desde muy joven, estando presente en el milagro de desenterrar a Excalibur de la piedra del lago. Además de hermanastro, sir Kay era un buen consejero, algo crítico y duro con el resto de caballeros, pero razonable y acertado. Se cuenta que inauguró la mesa redonda junto con Arturo, y que entre los dos eligieron a los diez restantes, por lo que fue Senescal fuera y dentro de la corte. Otra leyenda le señala como el verdadero padre de Arturo, al que desconoce hasta que la profecía se cumple, para reconocer después sus méritos. Siempre en busca de la paz y la armonía, se atrevió a criticar los excesos del propio Arturo: "Demasiadas batallas y conflictos, demasiada muerte", y si bien Arturo rectificaba a veces, pronto volvía a meterse en líos. Por supuesto, sir Kay también era caballero de espada, lanza y torneos, y no le pesaba nada matar a su oponente.

Sir Kay en pleno torneo

- **Sir Lamorak**, el viajero, hijo del rey de Gales, Pellinore, accede al puesto de caballero de la mesa redonda a la muerte de este, en algunas versiones, y en otras es nombrado sir mientras su padre aún está vivo, pero en conflicto con el Rey Lot, al que mata en un combate. Los hijos menores del Rey Lot, vengan la muerte de su padre matando a Pellinore en una emboscada, y Lamorak acaba con ellos, dejando a la bruja y reina Morgana, viuda y desamparada, pero hermosa a base de hechizos y pócimas, por lo que Lamorak la desposa. Nadie vio con buenos ojos ese matrimonio, pero no había impedimento legal para que se realizara, y aunque todo quedaba en familia, no había incesto qué perseguir para las leyes sálicas.

En otras versiones, Agravian, un joven caballero recién incorporado e hijo de Morgana, mata a la pérfida de su madre, y las venganzas se suceden tanto y de tal manera, que la familia política, que no de sangre, de Arturo se ve diezmada y la mesa redonda poco representada. Drama y tragedia, tragedia y drama.

- **Sir Lancelot**, el de la laguna, y el más famoso de los caballeros de la mesa redonda, tanto por su valor, su arrojo, su ambición y su nobleza, como por su viril apostura y su romance eterno con Ginebra, reina de Bretaña y esposa ni más ni menos que del poderoso rey Arturo. Durante mucho tiempo fue el más leal y mejor servidor de Arturo, ayudándolo a ganar guerras y batallas, dando esplendor y poder a la Bretaña. Siempre adusto, siempre discreto, ascendiendo paso a paso y poco a poco, pero siempre firme y dispuesto a alcanzar una nueva meta, incluso hay quien lo señala como el descubridor del Santo Grial durante las Cruzadas, el favorito de Merlín, pero incapaz de beber de él porque no era casto ni puro.

Se cuenta que sus romances con Ginebra eran anteriores a la boda con Arturo, por lo que el infiel no era Lancelot, sino el mismo Arturo, que se hizo con una mujer que no le correspondía.

Sir Lancelot, amante de Ginebra

Hijo de la reina Elena y del Rey Ban, Lancelot fue abandonado a su suerte tras una cruenta batalla en la que muere su padre. La reina huye de sus enemigos y el niño es rescatado por la Dama del Lago (Niue-Vivian), un hada o una mujer Elfo. Hay versiones en que no lo rescata, sino que lo rapta y lo lleva con ella al reino del Fondo del Lago, en donde pasará sus primeros años y gozará de una instrucción fuera de lo común.

En su adolescencia, y con ganas de convertirse en todo un caballero, abandona el lago y viaja por el mundo, tiene aventuras de todo tipo y participa en batallas y en torneos, siempre sin saber su origen de realeza.

Es el penúltimo de los caballeros originales, y al que el rey Arturo ordena traerle a la princesa Ginebra, pues pretende desposarla a pesar de que ya es viejo.

Lancelot va por Ginebra, y la rapta para llevarla a la Bretaña, dejando pasmada a Ginebra por su valentía y arrogancia, y se enamora perdidamente de él, y él de ella, y consuman su romance antes de que Lancelot la entregue a Arturo.

Ginebra acepta casarse con el viejo Rey, pero no deja de amar ni de ver a Lancelot, y mantienen durante años su romance a pesar de las dudas y la posible condena si los descubren: "Soy leal a mi rey, pero lo soy más a mi reina, y si he de morir por ella, gustoso moriré".

Morgana, contenta siempre de sembrar discordia, destapa el romance de Ginebra con Lancelot, Arturo entra en cólera, y destierra a Lancelot y manda a la hoguera a Ginebra. Lancelot no puede permitirlo, y salva a Ginebra de las llamas, matando de paso a todo el que se le puso enfrente.

Arturo lo persigue con todo su ejército, pero no puede contra las tropas fieles a Lancelot, y en su ausencia, Mordred, uno de sus bastardos, usurpa el trono, y al regresar Arturo solo encuentra la muerte.

Ginebra queda desolada e ingresa en un convento, donde finalmente muere agobiada por el deshonor, la culpa y el descrédito de haber sido descubierta ante los ojos de todos como una pérfida adúltera.

Para variar, sir Lancelot, cuando se entera de la muerte de su amada, se retira del mundo, demonio y carne, y se hace ermitaño en una lejana montaña, en lugar de ir contra Mordred y reclamar la corona que todos hubieran dado en la Bretaña para él. Hay versiones con finales más felices, en los que Ginebra y Lancelot al fin viven su amor para siempre; y otras con finales y escenas más truculentas, con una Ginebra fría e impasible, capaz de tener todo tipo de amantes, y un Lancelot demasiado pagado de sí mismo, como para darse cuenta de la realidad y la maldad de su reina; no faltan las leyendas y cuentos que señalan a Lancelot de oportunista, pusilánime y hasta cobarde, incapaz de asumir su amor ni con el valor suficiente como para raptar para sí, y solo para sí, a Ginebra, su mujer amada, en lugar de arrojarla a los viejos brazos del rey Arturo.

Ginebra tampoco se resistió a vivir entre dos amores, y prefirió la comodidad y el poder de palacio, a la vida de mujer de un famoso caballero, plagada siempre de incertidumbres, amores prohibidos y celos.

La poderosa Ginebra

- **Sir Tristán**, el loco, es el famoso protagonista de *Tristán e Isolda*, una historia de amores a caballo entre *La Celestina* y *Romeo y Julieta*, y los romances entre Lancelot y Ginebra, pues Tristán se enamora de una mujer que entregara al rey Marcos para que la despose, la princesa irlandesa Isolda, y todo por culpa de un filtro de amor que beben inconscientemente, y que los empuja a una pasión del todo desenfrenada de forma irremisible.

Tristán entrega al rey Marco a Isolda, e Isolda se casa con el rey, y hasta lo ama, pero no puede evitar caer en brazos de Tristán cada vez que se encuentran a solas.

Tristán es fiel a su rey, y daría la vida por él, pero no puede evitar caer en el lecho con Isolda cada vez que hay ocasión.

Este argumento ha dado lugar a cientos de versiones, con todo tipo de escenas y finales, desde los puramente eróticos, hasta los más divertidos y cómicos, dejando casi siempre de lado la actuación de Tristán en la mesa redonda.

El amor de Tristán e Isolda

Pero la mesa redonda no se queda ahí, entre amores y desamores prohibidos, con monarcas traicionados por sus santas esposas y sus nobles asistentes, sino que para algunos tiene otros sentidos, más místicos y elevados, lejos de las pasiones humanas que pueden sucedernos a todos.

LA MESA MÍSTICA DE CAMELOT

Algunas leyendas cuentan que la mesa redonda es en realidad una mesa mística que habla de los misterios del cosmos, como la astrología, la trascendencia espiritual, la magia y los poderes naturales que dominan al mundo y al ser humano, donde cada caballero corresponde a un signo del zodiaco, y a los valores que dicho signo representa, con Merlín, el Mago, como maestro de todos ellos, y con la finalidad de encontrar el Santo Grial, la copa de la última cena de la que bebió Cristo y que daba la vida eterna:

Piscis, el rey Arturo, sensible y gran empresario.

Aries, sir Bors, valiente, decidido y arrojado.

Tauro, sir Gawain, sabio, noble y reposado.

Géminis, sir Perceval, activo y comunicativo.

Cáncer, el rey Pellinore, gran padre y gran soldado, sensible y fuerte a la vez.

Leo, sir Bedivere, generoso y de gran corazón.

Virgo, sir Galahad, pulcro, hábil y casto.

Libra, sir Gareth, el de las manos hermosas, el diplomático.

Escorpio, sir Kay, el consejero y guardián de los secretos.

Sagitario, sir Lamorak, el valeroso, el viajero, el empresario.

Capricornio, sir Lancelot, el mágico, el ambicioso, el enamorado.

Acuario, sir Tristán, el excéntrico, el loco, el visionario.

Todos ellos bajo la batuta de Merlín, el Mago, para descifrar los misterios del cosmos, encontrar el Santo Grial (o lo imposible), recuperar la bondad en el alma de los seres humanos, liberar las mentes de prejuicios, abrirle la puerta al verdadero amor, romper con las ataduras y elevar las mentes y los corazones.

Muchas de sus claves son bíblicas, como no podía ser de otra manera en esa época, lo mismo que míticas y empapadas de otras mitologías, como la vikinga, la germana y la celta, donde cada símbolo es una clave alquímica, como los nombres y los glifos de los errantes planetas.

La Edad Media es rica en construcciones y arquitectura, en el tratamiento de las pieles y de las sedas, en la observación astronómica, en la astrología judiciaria, en herboristería, en medicina, y hasta en panadería y agricultura; para nada atrasada o anquilosada por más que la Iglesia intentara reprimir el conocimiento.

Las mujeres estuvieron menos reprimidas que en el Renacimiento, y los espacios públicos y privados eran más compartidos, y también más restringidos para todos los géneros, porque de la verdadera vida pública solo gozaban los caballeros y los goliardos, mientras que el resto permanecía en la sociedad estamentaria de una o de otra manera, desde los señores feudales y los monarcas, hasta los campesinos siervos, sin tierra o liberados.

Los gremios de artesanos, mineros, constructores, talabarteros, pintores, eran la piedra de toque, la fuerza productiva y de comercio; de ellos nacen diversas sectas que siguen dominando los entrecejos del mundo hasta el momento.

Las órdenes de caballería, como los gremios, eran motor cultural e intelectual de las sociedades medievales, garantes de ideologías y de creencias, moralistas y críticos de los movimientos sociales, héroes ejemplares, valientes y guerreros, que lo mismo se acercaban a la ciencia, que rebuscaban en la magia; seguidores de los fundamentos míticos y fantásticos que explicaban el universo desde el principio de los tiempos.

Los caballeros de la mesa redonda serían la representación gráfica de los gremios de caballería que le dieron un vuelco al mundo medieval y le abrieron las puertas al Renacimiento y a la Modernidad, con unos aires de libertad y aceptación de todos los cultos que no se ha dado ni en nuestros días.

Claro está que sus técnicas y tecnologías no eran como las de hoy, y que en su pensamiento y en sus creaciones hay mucho de primitivo, pero de un primitivismo que respiraba aire puro todos los días, y que sin industrias ni fábricas era del todo productivo.

En este sentido, el Santo Grial no es más que la búsqueda de la panacea o la medicina que cura todos los males y otorga una vejez sana y con dignidad, que era a lo que se dedicaba Merlín todos los días de su existencia.

Merlín, la búsqueda mística de Camelot

Ser un Merlín en la Edad Media, era como ser una "rata de laboratorio" hoy en día, pues los grandes magos se dedicaban a investigar los dones y misterios de la naturaleza, más que a hacer trucos de salón o pócimas de enamoramiento.

Cornelio de Agripa (mago, sabio y poeta), Paracelso (astrólogo y experto en herboristería), John Dee (óptico y genio de la alquimia), Simón el Mago (que voló delante de toda la concurrencia), entre muchos otros, eran más científicos aristotélicos que simples magos.

De haber contado con una sólida academia, la mayoría de ellos hubieran sido catedráticos, filósofos e investigadores de todas las ramas de la ciencia.

Las brujas, como Morgana o la Celestina, además de estudiosas y científicas eran sabias curanderas, conocedoras de la herboristería, parteras, comadronas, enfermeras, artesanas y maestras, psicólogas naturales, y muy por encima de la cicatería y las morales restrictivas y estultas de la Iglesia, al fin hijas de Circe, Medea y Lilith.

Algunas de ellas incluso fueron caballeras de armadura, lanza y espada, valientes y nobles guerreras, como Juana de Arco, e incluso destacadas monjas, como Hildegarda, que fueron seguidas por otras monjas sabias, poetas y astrónomas, como la sobresaliente sor Juana Inés de la Cruz, en el tardío Medievo y Barroco mexicano.

Espiritualidad más allá del catolicismo, el islam y el judaísmo; trascendencia y elevación del alma a pesar de todas las dificultades, contrariedades y represiones.

Todo eso, y más, representan las órdenes de caballería, con los caballeros de la mesa redonda como ejemplo y muestra, que no solo fueron doce como los apóstoles y los signos del zodiaco, sino cientos y por varias generaciones.

VI

SERES FANTÁSTICOS DEL MEDIEVO

> *Desmitificar al mito*
> *no hace que el mito*
> *desaparezca;*
> *de hecho, a menudo*
> *lo magnifica y aumenta.*
> BAUDRILLARD

La Edad Media en sí es un mito desde que inicia hasta que termina, mitología pura, pues su misma existencia a menudo es cuestionada, y lo más cercano a la realidad es la plena Edad Media, o Media Edad Media, cuando se pasa de los feudos a las monarquías institucionales y con el sello papal, tras el vacío que dejaron los reyes godos tras ser vencidos y desterrados por los árabes, mientras que los germanos iniciaban su supremacía bélica haciéndose con el "inexistente" Imperio romano, al que le añadieron el "germánico" para que no quedaran dudas sobre su hegemonía.

"Edad Oscura", le han llamado, cuando de oscura no tenía nada, ya que hubo diversos avances científicos y artísticos, donde la única retrógrada era la

Iglesia Católica, y no toda, pues entre sus filas hubo filósofos como Tomás de Aquino, paleógrafos, historiadores, y equivalentes a antropólogos y sociólogos que supieron aplicar la ingeniería social.

Hispania es señalada por contubernio con el Vaticano, pero Austria y hasta Bélgica eran más papistas que el papa, y durante más tiempo, quedando España como un Estado moderno frente a otras naciones de extrema derecha que prohibían el "libre pensamiento" hasta finales del siglo XX.

Se dice que la Edad Media duró del siglo V al siglo XIV, pero es obvio que en muchos lugares duró más, y que en algunas regiones del mundo sigue vigente hoy mismo.

El fenómeno es casi exclusivo de Europa, un fenómeno que exportó a los lugares invadidos de América, África y Asia, donde las Revoluciones Francesa e Industrial nunca llegaron, y fenómenos como la democracia o la Ilustración pasaron de largo.

Sin embargo en Japón, con los señores shogun, sucedió algo similar, con una Edad Media Japonesa que duró hasta finales del siglo XIX, y en algunas regiones de las islas aún se sigue practicando.

Lo que se perdió durante siglos fue el encanto urbanita de Roma, hasta que renació en los burgos de la Baja Edad Media, que si bien no habían desaparecido nunca del todo, sí habían quedado bastante apartados del campo, los castillos y demás acomodos sociales, que vivieron una vida estamental durante siglos, aislados incluso de la devoradora Iglesia católica, que era la que llegaba casi a todos lados.

Santo Tomás de Aquino: estudiar es divino

El comercio nunca se detuvo, al contrario, se incrementó, y la Ruta de la Seda se volvió tan preciada, que hasta se hicieron unas Cruzadas para mantenerse en ellas.

Se mejoraron las cuentas y los valores de las monedas, y lo que antes solo eran cientos o miles, se convirtieron en millones y en miles de millones, algo que ni siquiera los romanos con su basto Imperio habían logrado.

Había poblaciones que no se enteraban de nada

durante siglos, y, sin embargo, de ellas brotaban toda clase de historias y hasta ellas llegaban los mitos y las leyendas de viejos tiempos, llevadas por viajeros ocasionales o por monjes y monjas, que en su afán por instaurar el Evangelio contaban las más increíbles fantasías que animaban al auditorio.

El Evangelio, la buena nueva, los misioneros, llegaron antes a China y Japón que a muchos pueblos montañeses del interior de la vieja Europa:

—Hay que llevar a esos pobres chinitos la palabra de Dios —decía el Obispo.

—Lo que usted diga, Monseñor, pero, ¿y si se niegan?

—¡Matadlos!

—¿Y si nos superan?

—¡Corred y huir! O bien podéis ser mártires beatificados.

—¿Y si lo aceptan?"

—Fundad y construir ermitas, templos y monasterios, para que tengan la oportunidad de ascender al cielo tras su muerte, pero, no lo olvidéis, que durante en vida paguen su respectivo diezmo, que es el impuesto por creer y ser salvos.

—¡A la orden, Monseñor!

Dentro de la mítica y los intereses económicos y comerciales, la mística, o el pretexto de Dios para hacerse con el poder espiritual en la Tierra, no deja de ser un mito en sí mismo.

Con nombres y sin nombres propios, originales o copiados, escritos o de manera oral, sincretizados o vernáculos, los seres fantásticos y mitológicos de la Edad Media serían los siguientes:

Evangelizando chinos

PRINCESAS Y PRÍNCIPES

Las princesas son míticas, entre otras cosas, porque durante la Baja Edad Media prácticamente no existían, eran muy pocas y estaban muy lejos del glamur que se les suponía.

Incluso las gráciles doncellas de clase alta o de buena familia, eran pocas, y la mayoría de ellas ya sabían con quién debían casarse, pues buena parte de los matrimonios eran arreglados para mantener las posesiones, muchas o pocas, y para asegurar herencias.

De esa forma, se fueron haciendo las alianzas familiares y el tejido social que más tarde decantaría en reinos.

La belleza física de las mujeres tampoco era habitual ni moneda de cambio en la realidad, pero en la mitología ellas tenían que ser como un pedazo de cielo. En los matrimonios reales la mujer podía ser fea, grosera y obesa, o escuálida y desdentada, no importaba, pues lo que interesaba eran sus relaciones, su estatus, sus ganados y sus tierras; la belleza física era lo de menos.

La princesa y sus doncellas

Rescatar a una princesa secuestrada por los moros o por un dragón, o por quién fuera, tenía que valer la pena en la vida real, por una recompensa tangible y palpable, y no solo por su mano (a menos que valiera la pena); mientras que en la mítica y en las fábulas era suficiente con su despampanante belleza.

Toda la mítica grecolatina que antecede a la mitología de la Edad Media, habla del sexo y la belleza femenina como valores incalculables, tanto que hasta los mismos dioses se enamoraban de ellas; o los ángeles vigilantes, según las tradiciones bíblicas, caían del cielo para yacer con las hermosas y apetecibles humanas.

La fidelidad, aunque deseada, no era una práctica frecuente en la Edad Media (ni ahora, aunque se finge), y las princesas, como Ginebra e Isolda, aparte de sus maridos reales tuvieron a sus respectivos amantes, Lancelot y Tristán.

El problema de la infidelidad no era una competencia entre machos por una hembra, sino por el linaje y la descendencia, ya que la famosa sangre divina se pasaba de generación en generación dentro de una misma familia, y los hijos de alguien que no pertenecía a la familia eran intrusos que rompían con la tradición y la elección de los dioses, con lo que el poder y la corona podían perderse.

Para preservar esa sangre era menester que las princesas fueran vírgenes, más que castas y puras, buenas paridoras, y lo suficientemente sensatas como para no quedar embarazadas con relaciones fuera del matrimonio.

Una cosa era la pasión en cualquiera de sus formas, que una dispensa papal podía redimir y limpiar, y otra muy distinta darle al rey, o al señor feudal, hijos que no eran suyos. Fuera de eso, las princesas podían hacer con su cuerpo y con su sexo lo que les diera la gana, y así lo hacían, tanto en la mitología como en la vida real.

Curiosamente, y para ser una sociedad machista, los príncipes no destacan más que las princesas, y mucho menos que los caballeros andantes. Hay reyes famosos, como Ricardo Corazón de León, casi todos los Alfonso, Arturo y don Rodrigo, junto con casi todos los reyes godos, Otto y hasta Carlomagno, pero sus hijos y sus herederos, príncipes al fin y al cabo, destacan poco.

CABALLEROS

Tan míticos como las princesas, pues no abundaban por los poblados, los montes, los bosques o los caminos propios o de extraños, aunque alguno había, sobre todo en la Alta Edad Media, pero más que caballeros nobles y valerosos dispuestos a hacer justicia allá dónde fueran, eran soldados de fortuna que se habían quedado sin ejército, y que conservaban su caballo y sus armas, hasta que se lo comían o las vendían cuando el hambre apretaba.

Eso sí, podían contar cuentos y leyendas de batallas en las que participaron con la imaginación o con el cuerpo, y decir que habían matado gigantes, ogros, fieras aulladoras, águilas con cuerpo de león, o lo que se les ocurriera, ante la mirada atónita de su auditorio, que bien podía ser una simple familia campesina, o los parroquianos borrachos de una venta.

Hubo goliardos, sin caballo y sin más arma que una vieja daga o maltrecha espada, que se hacían pasar por caballeros andantes para conseguir un bocado o un trago gratis, tras contar o cantar una vieja y conocida historia de caballería donde ellos eran los principales protagonistas.

Los caballeros oficiales, pertenecientes a una orden de caballería, empezaron a aparecer, mítica y realmente, después o entre las Cruzadas, sobre el siglo XI de nuestra era; junto a caballeros independientes o de fortuna, que alquilaban su brazo y su espada en una que otra batalla o pendencia, y participaban en diversos torneos para ganar dinero y fama.

Caballeros en justa, torneo o combate

No faltaron los caballeros del todo míticos, algunos de ellos divinos, otros terribles y fantasmales, sin faltar los que amenazaban la fe o traían el mal en forma de peste.

- **Caballero Negro**, peligroso, poderoso, asesino, portador del mal, y asociado con Satanás, el infierno o el rebelde Lucifer. El diablo mismo dentro de una armadura negra irrompible y un yelmo del que salían y saltaban chispas del infierno. Era habitual en los torneos, que casi siempre ganaba, por lo que derrotarlo daba mayor fama, recompensas y gloria al caballero que lo venciera. Su caballo era tan peligroso como él, y mucho más inteligente que muchos hombres, capaz de aparecer de la nada y desaparecer instantáneamente, volviendo a la nada otra vez.

El temido Caballero Negro

- **Caballero Blanco**, normalmente era todo lo contrario al Caballero Negro, es decir, un ser divino, bondadoso y generoso, un ángel con armadura metálica blanca por la que asomaban unas alas; salvador y redentor de otros caballeros que habían caído en el pecado o en la desgracia. Vencedor del Caballero Negro en los torneos en los que coincidían y se enfrentaban, en una batalla personal espectacular, tanto, que algunos espectadores maliciaban que esas batallas estaban arregladas, y que dentro de esas armaduras no había ángel ni demonio que se preciara, sino simples mortales que se prestaban a ese engaño; pero no importaba lo que un par de sabelotodos insinuaran, porque los asistentes al torneo aplaudían a rabiar viendo cómo, al final del todo y casi por ayuda divina, el Caballero Blanco terminaba venciendo al malvado Caballero Negro. Este Caballero Blanco puede ser san Gabriel o san Miguel, o simplemente un ángel de la guarda, que baja para proteger a los buenos caballeros y llevarlos por el camino del bien y de la santidad.

- **Caballero Gris**, el mago, el consejero, incluso el caballero pobre, común y corriente que asistía a los torneos a probar fortuna, y que de vez en cuando daba la sorpresa o acudía a un encanto o prodigio mágico que lo hacía el ganador final del torneo cuando nadie esperaba que lo lograra. Un caballero algo misterioso, pues rara vez aceptaba como premio a una princesa y cedía su lugar a otro caballero que había perdido injustamente su turno en el torneo. No era un ángel, pero sí quizá un mago o un hombre sabio que se había acercado para procurar justicia.

- **Caballero Rojo**, el pendenciero, el que trae la guerra, las batallas, los invasores, el que hace perder la cabeza a sus oponentes y los inclina a la rabia y a la ira, y no hay nada peor que tomar decisiones con la cabeza caliente. Por tanto, es un caballero al que siempre hay que combatir para que prevalezca la paz y brille la justicia, no el poder ni el conflicto ni el abuso. Más valía no encontrártelo por el camino, porque siempre andaba buscando con quién pelear, a quién herir y a quién humillar.

Caballero Rojo, el pendenciero

- **Caballero Azul**, el prepotente, el orgulloso, el ateo o el hereje, un rival de lo más difícil porque nunca mostraba sus emociones ni sus sentimientos, pues era frío como el hielo y se adelantaba a los pensamientos de los demás. A pesar de ser poco amigable y distante, hay quien lo señala como un caballero humanitario, inteligente y cultivado, que no niega sus sentires, sino que los guarda para no salir lastimado en el combate de la vida. Cuenta la leyenda que salvó a una princesa cautiva en una torre muy alta, con un ogro que la atormentaba y una bruja que le sorbía el alma cada luna llena. El caballero luchó contra el ogro y lo mató; luego enfrentó a la bruja, y tras una larga batalla, pudo vencerla. Escaló la torre y liberó a la princesa, con la intención de llevarla con sus padres, pero la princesa se negó a acompañarlo, y le dijo que preferiría casarse con él a pesar de ser tan estirado y frío, antes que volver con sus padres, que eran más o menos como él, así que la llevó a su castillo para celebrar la boda, y ahí la princesa lo abandonó huyendo con un rico comerciante extranjero muy cálido y divertido. Cuando el Caballero Azul se enteró que la princesa había acabado en un harem, sintió el impulso de volver a rescatarla al recibir una carta de ella pidiéndole perdón, pero supo contenerse usando la lógica y la razón, sin embargo el corazón se le rompió en mil pedazos; por eso algunos le llaman el Caballero del Desamor.

- **Caballero Verde**, el de la enfermedad o la peste, al que todos rehuían, y al que todo buen caballero debía enfrentar y vencer, alejando así los males que pudieran amenazar a la comarca. Si se presentaba en un torneo, sobre todo en el invierno, era una clara amenaza de epidemias y pestes, que él mismo pregonaba retando y burlándose de los asistentes, por lo que había que derrotarlo y cortarle la cabeza cuanto antes para que no esparciera el mal y sus contagios.

El Caballero Verde, la amenaza del mal

- **Caballero Dorado,** el que generalmente aparece al final de la batalla como señal de triunfo para los vencedores, y de perdón y redención para los perdedores, y al que generalmente se le identifica como a un dios (incluido el católico), o como a un rey poderoso y magnánimo, como Ricardo Corazón de León.

No había Caballero Rosa, pero sí, muy de vez en cuando, una caballera, es decir, una mujer que emergía de la armadura tras perder o vencer a su contrincante en el torneo, para gran asombro de los asistentes. La famosa y legendaria Princesa Caballero fue una de ellas.

LA PRINCESA CABALLERO

Cuenta la leyenda que allá por el año 900 de nuestra era, uno de los reyes llamados Ricardo, quería agrandar los límites de su reino, y vio en su hija segunda la oportunidad de hacerlo, pues sus dones eran muy superiores a los de sus hermanas, y a los de todas las princesas de otros reinos, lo que la convertía en un partido apetecible para los príncipes y reyes vecinos.

—¿Qué os parece don Gabriel? Hija mía.

—Un saco de bledas, pasadas y apestosas, padre mío.

—¿Y don Manuel?

—Un hijo de papá mal criado, un higo podrido.

—¿Y su padre?

—Un cadáver carcomido. ¿A qué viene tanta pregunta, padre mío?

—Es tiempo de colocarte y de ampliar el horizonte de mi reino, con alguien habrás de casarte, digo yo.

—No me he de casar, padre, no.

—¿Te harás monja?

—¡Dios no lo quiera! Antes muerta que encerrada en un convento con tanta mujer loca y fea.

—¿Entonces no piensas casarte, desdichada?

—No, padre, no pienso hacerlo, pues quiero ser siempre soltera, y vagar por el mundo a caballo, trayendo justicia y matando a quien impedirlo quiera.

—Lo siento, hija mía, pero es tu destino aumentar mis

cosechas y darme a ese nieto que herede mis coronas y mis ventas, no el andar como un goliardo.

—Y el tuyo es protegerme y no entregarme a cualquier desarrapado.

—¡Apostemos!

—¿Cuál la apuesta?

—En el próximo torneo cada quien escogerá un contendiente, y el que pierda cederá a las peticiones del otro. ¿Estamos?

—¡Estamos!

—Mi elegido es el Caballero Dorado, el más sabio, el más grande y el más fuerte. ¿Cuál es el tuyo?

—El mío es el más pequeño y enclenque que se presente.

—¡Hecho!

—Haz tentado a tu suerte.

—Y tú a la tuya, padre mío.

Llegóse el día del torneo, y el Caballero Dorado, como era su costumbre, iba derrotando a todo el que se le ponía enfrente.

El pequeño caballero, a veces por habilidad y otras por suerte, ganaba también a sus oponentes hasta que, en la final, se enfrentó temblando al Caballero Dorado.

Se podía adivinar la sonrisa dentro del yelmo del Caballero Dorado, y la angustia del pequeño caballero.

Con las lanzas el pequeño caballero tuvo suerte, y un caballo astuto y veloz; con el arco superó con creces al Caballero Dorado, levantado los aplausos del público y la expectación por el duelo con la espada; aquí el caballero pequeño apenas si podía levantar la suya, y a cada golpe de la espada del Caballero Dorado parecía perder los nervios y la cabeza, casi literalmente, pero, de pronto, el Caballero Dorado tropezó y quedó a la merced de la punta de la espada del caballero pequeño, quien en lugar de hundírsela en el cuello, simplemente le despojó del yelmo.

¡Sorpresa, sorpresa, el Caballero Dorado era el mismísimo rey!

—¡Matadme de una vez, pues he quedado descubierto y deshonrado! —le dijo al pequeño caballero que le apuntaba con la espada al cuello.

El pequeño caballero hizo un gesto con la espada, todos los asistentes esperaban lo peor y clamaron angustiados, pero con ese gesto no mató al rey, sino que se despojó de su yelmo y debajo de él apareció la mismísima princesa, y, desde entonces, la valiente y peligrosa Princesa Caballero.

—Podría matarte, pero no te mataré, padre mío, ¿sabes por qué?

—No, no sé por qué me humillas perdonándome la vida.

—Muy simple, porque tienes una apuesta que pagarle a tu hija.

Entonces se abrazaron mientras la audiencia aplaudía y lloraba, lloraba y aplaudía.

—Será como tu quieras, hija mía... ¿pero qué te pareció el Caballero Morado? Casi me desvalija y parece rico y buen mozo...

—Para un buen rato, padre, pero no para echar a perder mi sagrada soltería.

—¡Eres imposible!

—Lo sé.

Aunque ya no cuento más, la historia de la Princesa Caballero no termina aquí, pues recorrió medio mundo sobre la grupa de su amable, inteligente y veloz corcel, viviendo las más extrañas e increíbles aventuras, que contaré otro día.

MISIONEROS

Desde ricos conversos hasta humildes pobladores de los feudos de la Edad Media, hubo monjes y monjas decididos (u obligados) a llevar la Palabra de Dios a todos los rincones del mundo, menos a América porque todavía no estaba descubierta, logrando atraer fieles de todas las razas y condiciones a las arcas materiales y espirituales de la Iglesia.

Santiago Apóstol, en espíritu hecho carne, fue uno de ellos, lo mismo que san Miguel Arcángel y que san Gabriel.

Los mártires que nunca abjuraron de su fe, junto con beatos, beatas y similares, que prefirieron su muerte antes de casarse con un romano, un moro o cualquier otro que no fuera cristiano, para que luego los canonizaran, les hicieran su hagiografía (más falsa que cualquier fábula), y finalmente los santificaran, con lo que la Iglesia logró un amplio santoral, fueron sin duda importantes misioneros, pues de sus vidas e historias ejemplares se nutría el anzuelo de la fe.

Los misioneros y misioneras de a pie nunca fueron famosos, pues hasta el mismo san Francisco de Asís venía de noble cuna y su apuesta por la pobreza en emulación a la vida de Cristo, fue un discurso que caló entre los pobres y que ni Iglesia ni su propia orden practicó, si bien es cierto que los políticos tomaron buena nota de la pobreza franciscana para ganarse al pueblo, pero no para practicarla, pues ya la practicaban desde siempre los campesinos y los labriegos.

Las órdenes mendicantes se encontraron conque en la India los santones de diversas creencias ya hacían lo mismo que ellos: hablar de dios y pedir limosna, por lo que tuvieron parte del pastel de las dádivas, pero pocos creyentes convencieron.

En China y en Japón les fue peor, pues no hubo muchas limosnas y menos nuevos fieles al Evangelio.

En Escocia e Irlanda, santa Brígida y san Patricio lograron buena parte de su cometido, convirtiendo al catolicismo del siglo XII a los adoradores celtas de Tutatis; y en los países escandinavos, por las mismas épocas, conquistaron la fe de los reyes, pero no de los vasallos.

Misioneros logrando conversos

España, Francia, Italia y la carolingia Alemania, eran los proveedores de misioneros que incursionaron en el Norte de África y el Oriente Medio, con colaboración copta y bizantina, e incluso con financiación y hasta ejércitos de respaldo, pero su cosecha, aunque firme, fue parca, pues convencieron a parte del pueblo, pero no a sus monarcas, a pesar de los esfuerzos de san Chárbel y sus correligionarios.

Los misioneros de casa propia, como los hispanos en plena ocupación árabe, tuvieron sus logros, pero no fue hasta la Reconquista gracias al poder militar germano y a la decisión de los Reyes Católicos, confabulados con Portugal y el Vaticano, que no se dieron los frutos deseados de la conversión del Islam al catolicismo, pues los moros y judíos que no se convertían, eran exiliados o pasados por las armas y el encierro, dentro de un descrédito social insoportable.

Las misiones, tras la llegada del inquisitivo Renacimiento y la Era Moderna por el "descubrimiento" de América, se hicieron más patentes y más extensas, con toda clase de órdenes sacerdotales que luchaban por el poder de las almas en la Tierra, o el papado y sus dineros, como los franciscanos, benedictinos, dominicos, agustinos y, más tardíos, pero más bélicos y ambiciosos, los jesuitas.

Los misioneros de la Edad Media fueron unos santos, si se les compara con los misioneros renacentistas y la sacrosanta Inquisición a su lado. Y sí, también de ese "misionero" en el que algún lector está pensando, también se trataba y se escribía sobre él en la Edad Media.

ARMAS MÁGICAS

Las armas mágicas, indestructibles y que nunca

fallan, aparecen con frecuencia en las novelas de caballería, dotando de superpoderes a quienes las poseían, como Excalibur, la espada mágica del lago o de la piedra, que le dio el poder a Arturo, como recuerdo de las armas mágicas que le daba Zeus a sus amantes humanas.

Excalibur, sin embargo, se rompió un par de veces, pero tuvo la suerte de que Merlín supo restañarla.

Excalibur en el lago

La lanza que se alarga, como el bastón del rey Mono de la mitología China, que no falla y que no se dobla, o que se dobla, pero no se rompe.

El arco y sus flechas que siempre dan en el blanco, como lo hacía Robin Hood, o Guillermo Tell, que cayeron en manos de valientes princesas guerreras, desde las amazonas hasta Juana de Arco; pero también en las garras de malvadas brujas y sus hijos, que tanto daban el amor y la pasión en los flechados, como envenenaban sus almas de odio y rencor, de celos y venganza, una tradición que venía desde Afrodita y Eros, pasando por Venus y Cupido en su versión romana.

DRAGONES

Ya hemos hablado anteriormente de los dragones medievales, pero vale destacar que no todos eran iguales, ya que los había tanto malvados y terribles que asolaban regiones enteras, como mansos y nobles que ayudaban a algunos pueblos en sus batallas contra otros pueblos.

Unos eran salvajes, y hasta engendros del demonio, y otros eran como cualquier bestia, domesticables y sociales.

Unos nacían de huevos entre dragón y dragona, y otros de parto sin necesidad de relaciones sexuales, pues este tipo de dragones no tenían género ni órganos sexuales, y se reproducían por sí mismos.

Los había que comían piedras sulfurosas y apenas bebían agua; como también los había que se alimentaban de heno y frutas, o de setos y árboles enteros; no faltaban los hambrientos que devoraban todo lo que se encontraban, humanos enlatados incluidos (caballeros con armadura), succionándolos hasta dejarlos secos, ni los que se satisfacían con los efluvios de las princesas y las doncellas, a las que secuestraban sólo para olerlas.

Unos tenían tesoros enterrados en lejanas cuevas, otros llevaban diamantes en el pecho, otros no llevaban ni enterraban nada; algunos echaban fuego por las narices y por la boca, pero otros echaban gases fétidos y venenosos, y no faltaban los que echaban un vómito verde de ácido, o simplemente babas asquerosas o agua con cierta fuerza destructiva por la potencia con la que salía de sus fauces.

Todos eran muy poderosos, pero no tanto como los pérfidos seres humanos, por lo que terminaron por retirarse a las nubes más altas y densas, o a las montañas de riscos escarpados, con tal de evitar la nefasta presencia humana que siempre sacaba lo peor de ellos mismos.

Ogros

Gruñones y gigantescos, torpes y malhablados, groseros y misóginos, hostiles y misántropos, sucios y pendencieros, o simplemente diferentes al resto de los animales y de los humanos.

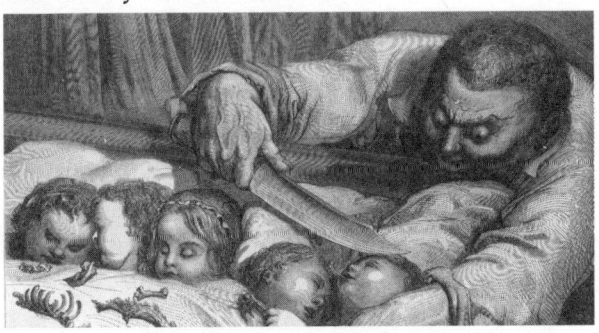

Ogro come niños malcriados

A veces bastaba con ser demasiado alto o demasiado gordo o demasiado fuerte, o especialmente feo o contrahecho para ser considerado un ogro, temido o repudiado, e incluso amuleto de buena o mala suerte para el poblado.

Ogros come niños malcriados, como el Coco, el Roba Chicos o el Hombre del Saco, como mito funcional para inclinar al bien a los rebeldes desde la infancia.

Ogros verdes o marrones de las ciénegas o los pantanos, para evitar que la gente torpe e inconsciente se perdiera o ahogara en ciertos parajes.

Ogros que de día eran hombres y mujeres normales, y hasta princesas o reyes, pero que de noche o en ciertas épocas del año se convertían en ogros, para señalar la condición cambiante, peligrosa, contradictoria e incongruente del ser humano, que puede pasar de ser un monstruo a un ángel, o de un padre amante a un asesino terrible.

Ogro, en fin, todo el que es diferente, extranjero o de una clase social lejana, incluyendo a ese demonio interno, irreflexivo y pasional que todos llevamos dentro.

También los orcos y los troles, que de día eran piedras y de noche eran salteadores de caminos, asesinos sueltos, bestias salvajes, furiosas y rabiosas, monstruos borrachos y pervertidos, raptores de doncellas y de niños, sicarios del poder, siervos de brujos, brujas y demonios, y hasta misteriosos y malditos solterones, viejos solitarios, y extraños ermitaños que mataban para comer o se alimentaban de las carnes de los cementerios.

El simple hecho de no asistir nunca a la parroquia o a misa, era suficiente en muchos pueblos para que tacharan a alguien de ogro, y, por tanto, siempre sospechoso de los más horrendos crímenes de la región. Por tanto, todo aquel que era considerado un ogro por sus vecinos, se encerraba y se mantenía lo más apartado posible de ellos, y hasta se hacía más el ogro para que le temieran y no lo molestaran.

Si no fuera porque es un texto muy moderno y romántico, *El gigante egoísta* de Oscar Wilde, quedaría muy bien aquí.

DUENDES, GNOMOS Y SIMILARES

Tanto en el Medievo celta, como en el nórdico, los duendes y los gnomos, o la gente pequeña de los bosques, son habituales, pero no suelen ser ni amigables ni bondadosos, sino burlones y tramposos, o simplemente evasivos, guardianes de ollas de oro, albaceas de tesoros de monstruos y brujas.

En algunos pueblos medievales el ser enano era suficiente para ser considerado duende o gnomo, y muchos de ellos, para escapar del escarnio del pueblo, acababan convirtiéndose en bufones, y hasta en amuletos de buena suerte para los señores feudales, que no dudaban en matar al enano cuando no funcionaba, ya haciendo reír al señor, o bien porque no eran capaces de alejar la mala suerte.

En un sentido más mítico y fantástico, los duendes habitaban en las chozas abandonadas, en los jardines floridos, en los huecos de los árboles, al final del arcoíris, en los manantiales y detrás de las cascadas, y aunque burlones y hasta peligrosos, siempre emisarios de buena suerte y tesoros si se les sabía dominar, ya fuera agarrándoles por las narices, o dándoles de beber vinos sabrosos, o de comer platos apetitosos, e incluso encerrándolos en jaulas, hasta que cedían y rebelaban el lugar de los tesoros.

"Si hay tréboles, sobre todo de cuatro hojas, seguramente hay duendes o gnomos", decían las abuelas, "así que si en tu jardín brota esta planta, no la arranques ni la consideres mala hierba, mejor ten paciencia y espera, porque tarde o temprano los tendrás en tu presencia, y si no los ves, de cualquier manera buena suerte y abundancia siempre te darán".

HADAS

Desde las hadas madrinas, hasta las hadas de los bosques, las flores, los jardines, los lagos, los arroyos, e incluso las cunas de los niños, las hadas son un referente de magia y fantasía en los relatos de la Edad Media.

Para la gente de la Edad Media no eran una fantasía ni una creencia, sino una realidad, incluso si no le gustaba al cura o a la Iglesia, pues existían de verdad, estaban ahí y hasta celebraban fiestas cada primavera.

Hadas y duendes de fiesta

Había hadas de tamaño regular, hermosas y bellas; pero también las había pequeñas, como las mariposas y las abejas, que incluso picaban o mordían, aunque no hacían verdadero mal; no faltaban las aladas, altas y largas, ni las pequeñas y regordetas, las jóvenes como eternas niñas, ni las ancianas sonrosadas de cabellos blancos y sonrisa angelical.

Estaban ahí, visibles o invisibles, siempre presentes, como ángeles de la guarda, protegiendo a sus preferidos y preferidas (sus ahijados o ahijadas), tratando de ayudarles a conseguir sus sueños y atrayendo la buena suerte en bienes materiales o de amores, que casi siempre era lo mismo, pues en la Edad Media quien amaba comía, y quien estaba bien alimentado siempre estaba dispuesto a amar.

Aunque la mayoría de las hadas eran mujeres, no faltaba una que otra hada del sexo masculino, al menos en apariencia, porque en realidad nadie sabía nada sobre su reproducción, nacimiento, muerte o sexualidad, sí se sabía que no eran del todo eternas aunque vivían miles de años, pues al final desaparecían como habían aparecido, desvaneciéndose en la bruma del rocío matinal.

Unicornios

Para algunos autores, los unicornios son símbolo de pureza y castidad, de bondad, sensibilidad y belleza, tanto que solo pueden soportar la presencia de las doncellas puras, castas y bellas, de nadie más; por eso en cuanto sienten o presienten una presencia impura, desaparecen.

La caza del unicornio

Para otros, los unicornios son todo lo contrario, es decir, representantes de la enhiesta virilidad masculina, que seducen a las doncellas castas y puras cuando estas alcanzan la pubertad, y que incluso tienen relaciones sexuales con ellas.

Los unicornios son el despertar del alma o el despertar del sexo, pero siempre un despertar.

Las leyendas cuentan que su cuerno era muy preciado, pues daba poder ilimitado y una fuerte virilidad y fertilidad, y que para cazarlo, matarlo y hacerse con su cuerno, se necesitaba una doncella virgen, limpia y casta, totalmente desnuda en medio de un claro del bosque, para que el unicornio, atraído por su pureza apareciera para acercarse a ella y dejarse acariciar, pues ese era su placer y su alimento, y, cuando estaba disfrutando y perdido en el regazo de la doncella, se le atravesaba el costado con una espada o lanza mágica o bendecida, lo que lo mataba de inmediato, para proceder después a arrancarle el cuerno y poseer a la doncella para completar el ciclo.

Algunos, además del apetecido cuerno frontal, tenían alas y volaban como el mítico Pegaso; otros eran siempre blancos y con el cuerno multicolor, y sin alas, pero con el don de aparecer y desaparecer a voluntad.

Los animales de un solo cuerno son míticos desde la antigua y lejana sumeria, pasando por las mitologías griega y árabe, hasta recalar en la Edad Media de una forma más mística y refinada, tanto y de tal manera, que algunos investigadores se lo han tomado en serio y buscan su presencia o sus restos, incluido el cuerno, aunque se les ha olvidado recurrir a la trampa de la doncella virgen y pura para atraerlo, entre otras cosas, a decir de algunos, porque de ese cebo divino ya no hay en el planeta.

ÁNGELES Y DEMONIOS

Aunque buena parte de la Iglesia no los veía con buenos ojos porque le quitaban protagonismo a Dios Padre, los ángeles en la Edad Media eran muy populares, lo mismo que los demonios, tanto, que a lo largo de sus mil años de existencia se le dio forma al mismísimo diablo tal y como lo conocemos, con cola, patas de cabra, cuernos y del todo negro o rojo intenso, acompañado de llamas y olor a azufre.

Los ángeles más famosos y socorridos de las leyendas, eran Miguel, Gabriel y Rafael, que combatían o apoyaban a los moros, depende de quién contara la historia. Incluso para los judíos eran ángeles importantes.

Todo personaje imaginario con una espada, a veces de fuego, era Miguel Arcángel.

Todo ser fantástico que llevara en las manos un libro, era Gabriel Arcángel.

Y todo espíritu convertido en carne y con un báculo o caduceo, no podía ser otro que Rafael Arcángel.

Miguel era el guerrero y el redentor, con perdón de Cristo.

Gabriel era el sabio mensajero de los textos sagrados y de la anunciación de la preñez mágica de la Virgen.

Gabriel Arcángel, evangelizando

Y Rafael era el encargado de curar de todos los males a la población donde se aparecía, aunque la peste a veces lo superaba y no quedaba más que resignarse.

También se hablaba de los ángeles vigilantes a los que les gustaba pasar la noche con las mujeres humanas, caídos, pero a pesar de ello sagrados, y hasta con descendencia en la Tierra, aunque sus hijos no siempre salían bien librados ni eran del todo aceptados.

No faltaban las hadas que en realidad eran ángeles de la guarda femeninos, y viceversa.

SANTOS Y SANTAS

La Edad Media es rica en invenciones de santos, desde san Agustín de Hipona el de *La ciudad de Júpi-*

ter (o Dios), católico antes de que existiera el catolicismo y cristiano más o menos al mismo tiempo que se aceptaron los cuatro evangelios, hasta santo Tomás de Aquino, que no hizo milagro alguno, pasando por toda clase de mártires femeninas que querían morir vírgenes y creyentes, papas de todas clases, y hasta verdaderos sabios e incluso gente real, como san Francisco de Asís, al que nadie hizo caso (ni los de su orden), pero que fundó el populismo para los políticos astutos que utilizan como escudo a los pobres. Él mismo, a pesar de sus votos de pobreza, nunca dejó de ser un rico hijo de papá, y nunca le faltó nada de nada, por la gracia de Dios y de la Iglesia, que ya por aquel entonces (siglo XIII) era archimillonaria.

San Francisco, y la pobreza imposible

Santos y santas, todos con poderes milagrosos, como el gallego san Julián que cura las verrugas a cambio de una peseta (ahora a cambio de un euro), o san Donato, que encuentra todo lo perdido, y hasta san Antonio, protector del matrimonio.

Sí, muchos son del todo una fábula, pero, curiosamente, funcionan y hasta hacen verdaderos milagros, pues la fe que se deposita en ellos viene de lejos y tuvo su mejor momento en la Edad Media, porque cada pueblo y cada parroquia necesitaba al suyo, o a la suya, como el perdido en el desierto necesita agua.

San Juan Bautista, porque el Juan evangelista o apóstol tenía mala fama, caló en el Medievo tanto como san José de Arimatea, el padrastro de Jesús, que aceptó en su hogar y de su esposa, supuestamente virgen, el fruto de otro (paloma, Gabriel, Espíritu Santo, Dios Padre o lo que fuera), porque, como decía san Simón, "lo que se cría en casa es de uno".

Santos con vidas raras, más que ejemplares, pero siempre funcionales, pues el pueblo se identificaba más con sus defectos, que con sus supuestas virtudes.

ESPÍRITUS MALIGNOS

Dentro de las entidades diabólicas o demoniacas, se encontraban legiones de espíritus malignos, capaces de poseer a cualquiera, hombre, mujer, niño, niña, animal o cosa.

El bautismo, la santificación y el exorcismo eran las soluciones de la Iglesia para evitar a estos bichos, con agua bendita, limosna o pago de por medio, pasajes de la Biblia o del Nuevo Testamento, donde Cristo Jesús arrojaba a los demonios que se habían metido en los cuerpos de una piara de cerdos.

Sacando demonios

Quien no estaba bautizado o bendecido, estaba maldito, o por lo menos desamparado ante los demonios grandes y pequeños que se metían en los cuerpos y atraían el mal, las enfermedades, los pecados y la temida mala suerte.

Los cerdos poseídos se comían a los bebés al menor descuido de los padres, y las gallinas enloquecidas, como los cuervos, eran capaces de dejar tuerto o ciego al que se encontraran distraído, sin escapulario, sin haberse confesado o del todo remiso a las misas del párroco.

Cualquier objeto de casa, o de la choza, podía estar maldito y causar enfermedades o traer la mala suerte a la familia. La casa misma, terreno, local o choza, debía pasar por una limpia eclesiástica, brujeril o mágica, para evitar males mayores a quienes vivían ahí; incluso el pueblo o la región entera a menudo requerían una limpieza a fondo para atraer la lluvia, alejarla, posponerla; o para mantenerse a salvo de los salteadores de caminos y ladrones de las montañas.

Las mascotas más inofensivas podían convertirse en monstruos amenazadores y terribles, o viceversa, como el pantalaimon de los griegos, causando diversos males hasta que un buen conjuro las volvía a su tranquilo estado natural.

Los gatos fueron malditos durante algunos siglos, pues eran considerados verdaderos demonios, espíritus malignos y engendros del mal, a los que había que exorcizar para corregirlos, y, si no se corregían, matarlos o comerlos como si de liebres o conejos se tratara. El resultado de este odio y temor hacia los felinos, según algunos expertos, fue la peste negra propagada por las ratas que habían aumentado en número a falta de depredadores.

Los perros rabiosos eran perros poseídos, y hasta las personas que cambiaban de pronto de comportamiento eran señalados de malditos, y algunas veces hasta linchados para evitar males mayores:

EXORCIZANDO ANDO

—*Mira, tú, el Jacinto se anda comportando como el Paco el año pasado.*

—*¿Al que linchamos?*

—*¡Ese mismo! ¿Te acuerdas? Los mismos gestos, las mismas palabras, todo muy raro, como del diablo. ¿Qué hacemos, señor cura?*

—*Pues qué vamos a hacer, lincharlo antes de que la líe como la lio el tal Paco.*

—*¿No hay otro remedio, señor cura?*

—*No, no lo hay, no se deja bautizar ni exorcizar.*

—*Pues entonces a darle, señor cura, con su bendición, ¡vamos, qué esperamos!*

—*¡Así me gusta, vamos, vamos!*

No hay nada como un linchamiento o un buen escarnio público para entretener y divertir a la buena, santa, bondadosa y fiel creyente gente del pueblo.

Monjes y monjas, curas y sacerdotes

Los monjes y los sacerdotes, aunque avalados por la Santa Madre Iglesia, no gozaban de demasiado prestigio social ni angelical, sino que eran una especie de magos que pretendían arreglarlo todo con rezos, oraciones y mandas, a menudo demasiado humanos, pues a pesar de sus votos y gestos de santos, comían, bebían iban con mujeres o con hombres, y algunos tenían hijos con la abadesa o sobrinos, como ellos les llamaban, quizá tentados por los demonios y los espíritus malignos para hacer enfadar a Dios, o ya de por sí ellos mismos un poco demoniacos que se metían en la Iglesia para ver si así se les perdonaban sus múltiples defectos, desviaciones y pecados, tras copiar la Biblia a mano sin saber leer ni escribir, o andar de misioneros o en los pueblos mendigando, lo cual era una penitencia digna para ser salvos.

Monjes copistas del Medievo

Las historias de amor, sexo, celos, venganzas y maternidades no deseadas, muy a menudo eran protagonizadas por curas o monjes que caían en el pecado con las doncellas santas y beatas; o de monjas que en lugar de ser poseídas por dios, o por Cristo, dependiendo si eran arrianas o no, eran poseídas por el jardinero, con lo que en lugar de parir al Mesías esperado, terminaban enterrando los fetos en las paredes de los conventos, creando todo tipo de novelas medievales de terror.

El diablo tentaba y empujaba a monjas y clérigos, pero no los eximía de culpa, y a veces ni de linchamiento a manos del pueblo, porque eran responsables de su albedrío y de sus actos, que para algo Dios los había hecho libres y pensantes.

El diablo podía aparecer disfrazado de ángel, de caballero o de sabio doctor, pero seguía siendo el diablo y todos sabían que no debían caer en sus tentaciones, pues de hacerlo tenían que atenerse al castigo que les diera Dios.

"Dios da, y Dios quita, y con el diablo se desquita", decían las almas buenas y caritativas cuando alguien caía en pecado, mientras veían en la plaza su tortura o su incineración, que se hacía como ejemplo para que los demás no pecaran, pero también por cruel bondad, pues la hoguera a menudo era el único medio de salvar las almas de los pecadores.

Todo era cosa del diablo, aunque también era cosa de Dios, porque al fin y al cabo era Dios el que lo decidía todo, y, según los monjes y las monjas, mandaba sobre el mismísimo diablo, que por enemigo que fuera, también era siervo obediente de Dios. Ilógico, sí, pero así era la voluntad misteriosa del Altísimo, un dogma de fe, que había que aceptar para no caer en el pecado de la soberbia o la insumisión.

Los monjes eran personajes de cuentos y leyendas de depravados, bebedores y libertinos; mientras que las monjas protagonizaban los de poder y de terror.

Seres oscuros vestidos de oscuro marrón o de negro, como cuervos y buitres que habían hecho votos de castidad, pobreza y ayuda a los menesterosos, e incluso de estudio y de obediencia, pero que en realidad aterrorizaban a las personas del Medievo con todo tipo de presiones, coacciones, persecuciones, torturas, incineraciones en vida, amenazas de infiernos terribles, cuentos de horror y venganzas divinas, pero todo por su bien, porque al fin y al cabo todos eran hijos de dios, creados a su imagen y semejanza, de lo cual muchos se reían y decían: "¡Pues qué feo, malencarado, borracho y pendenciero debe ser el tal Dios!".

Monjas, el poder en las sombras

Para muchas mujeres de buena familia, recomendadas o provenientes de las cortes, el hecho de hacerse monjas no eran una cuestión de fe o de renuncia al mundo, demonio y carne, sino una forma de acceder a una buena vida sin demasiado esfuerzo, donde podían dedicarse a sus aficiones, y que además les confería poder sobre otras personas; mientras que a las novicias pobres y de extracción humilde, les tocaba trabajar, obedecer y sufrir, y, por supuesto, dar gracias a Dios por los más terribles sufrimientos, pues eran pruebas divinas que las llevarían al cielo o a parir al nuevo Mesías cualquier día de aquellos.

Las monjas ricas llegaban a conseguir el cargo de madre superiora, mientras que las pobres, de sirvientas de curas no pasaban.

AULLADORAS, AULLADORES Y
OTROS SERES MONSTRUOSOS

En todos los bosques oscuros y montes tenebrosos, había toda clase de bestias, lobos, tigres, perros salvajes, osos y hasta unos cuantos leones, toda clase de roedores, serpientes y reptiles, que atemorizaban al pueblo, pues se comían los rebaños, se robaban a los niños y atacaban a las personas. Bestias salvajes a las que había que matar y perseguir.

Además de las bestias comunes, que ya espantaban lo suyo, para los medievales había bestias terribles, mezcla de ciervo y toro, de águila y león, o de cabeza de serpiente y cuerpo de leopardo, a los que llamaban aulladores o aulladoras, que casi nadie veía nunca, pero que sí podían escuchar sus aullidos amenazadores por las noches.

Arpía macho, monstruo medieval

La caza fue abundante en el Medievo, y muchos animales se retiraron lo más lejos posible de los hombres, escondiéndose de día y actuando de noche, con lo que las leyendas aumentaron, y las especies entraron desde entonces en peligro de extinción sin que a nadie le pareciera un drama, como sí se sanciona ahora.

No todos los monstruos y las bestias vivían en los bosques y los montes, pues desde mucho antes del Medievo los gatos con cara de mujer, las aves con cara de hombre, los cuerpos de hombre sin cabeza, o cabezas con cuerpo de hombre, los dragones, los unicornios, las arpías, las quimeras, las aves que renacían de sus cenizas, las águilas que cargaban naves en sus garras o casas sobre ellas, la sirenas, los tritones, las ballenas asesinas, los pulpos gigantescos, las serpientes enormes, ya eran habituales y populares entre la plebe, y se sumaron a todas las otras bestias y monstruos del Medievo.

Liebres con cuernos, caracoles gigantes, perros que hablaban o que tenían cara de hombre, gatos con botas, son algunos de los monstruos medievales que han dado lugar a curiosos cuentos, transformados e interpretados hasta la extenuación.

Salirse de los límites del feudo a menudo era suficiente para caer en las garras o en las fauces de los monstruos, lo mismo que transitar de noche por cruces de cuatro caminos, pasar por el cementerio a deshoras o adentrarse en páramos, bosques, lagos y cuevas, o ir a cualquier lugar apartado de la santificada y protectora aldea.

Durante siglos hubo sociedades feudales del todo estamentarias, que se contaban una y otra vez las mismas historias y leyendas, algunas tremebundas y sangrientas, y otras que se transformaban y se tomaban con humor:

EL GATO CON BATA

Érase que se era un gato
muy desastrado
que se encontraba tirado
frente a un molino de harina.

Para salir de rutina
el mozo ahí encargado
fue a moler carne de gato
en lugar de fibra fina.

—¡Marra miau! ¡Detente! —le dijo el gato—,
que el cuento no es de esta guisa,
se supone que eres mi amo
y por mí das la camisa.

—Por ti no doy ni retaco,
gato flaco, vete a misa,
antes de que te haga taco
y te meta con las prisas
en el horno panadero
que tenemos en la esquina.

El pobre gato espantado,
viendo clara su derrota,
se fue corriendo al momento
de robarse un par de botas...
les juro que no les miento
y que se fue a otro cuento
un poco más relajado.

Olvidó así el asunto
del Marqués de Caravaca,
del Ogro y de la Princesa
que a su reino rescatara.

El nuevo cuento no daba
ni horror, ni espanto ni susto,
el acto más peligroso
fue comerse una batata
y no un ratón ni una rata,
las botas no le iban al punto,
así que de una patada
las cambió en un segundo
por una cómoda bata.

No hay moraleja, lo siento,
pues no es fábula, es farsa,
pero que sirva el consejo:

Si no estás a gusto en un cuento
huye sin miramiento,
si no,
¡estiras la pata!

Y sí, algunos aldeanos huían del feudo para conocer el mundo, no siempre seguro ni grato, pero sí diferente a lo que habían vivido sus antepasados, con la esperanza de encontrarse con los prodigios de los viejos relatos.

ELFOS Y ELFAS

Aunque es una tradición más nórdica que de la Europa Central, en las leyendas del Medievo también aparecen seres de luz casi inmortales, que habitan en los lagos o en el centro de los bosques más espesos y recónditos.

Estos seres de luz, elfos y elfas, no son especialmente malos, aunque los hay, sino que viven y sienten de una manera muy distinta a los seres humanos.

Son inteligentes y tienen dones, pero también son fríos y desprecian las emociones y los sentimientos de los seres humanos.

Son ateos o herejes, pues no creen en los dioses de los hombres, ni en el católico ni en ningún otro.

Caminan casi flotando.

Sus cuerpos esbeltos y bellos, suelen ser algo transparentes.

Pueden vivir en tierra o dentro de las aguas.

Dominan con la palabra y los gestos a las bestias y a los caballos.

Recogen (salvan, raptan o se roban) a los niños perdidos y los llevan a vivir una larga temporada con ellos, pero una vez que se valen por sí mismos, los mandan al mundo humano de nuevo, sin soltar una lágrima ni pesar por el abandono.

La famosa Dama del Lago que cría a Lancelot, es seguramente una elfo que puede seguir viva y activa en nuestros tiempos, cuidando de los niños perdidos, o cuidando de su propio reino en el lago, porque quizá no sea muy sensible a las emociones y los dramáticos sentimientos de los humanos, pero sí al orden y equilibrio de la Naturaleza.

La Dama del Lago

Se cuenta que los elfos y las elfas no mueren, pero que se les puede destruir, por eso no suelen participar en las guerras ni en las batallas de los humanos, pero si no tienen más remedio, lo hacen, y si bien no son diestros con la espada, sí lo son con el arco y la lanza.

Sí, seres de luz, mágicos, fantásticos y casi transparentes, pero por desgracia, al menos para la Iglesia, no demasiado creyentes.

FANTASMAS

Señores feudales, condes, reyes, príncipes, damas mayores, doncellas hermosas y jóvenes, caballeros de todos los colores, y una que otra aya, ya sea porque murieron en desgracia, traicionados, despechados, o de una forma inmerecida y trágica, los fantasmas medievales abundan, y algunos incluso son una atracción turística en nuestros días, pues suelen habitar en castillos o en viejas casonas, llorando sus desventuras, y además servir de diversión para los visitantes que pagan por verlos.

Los fantasmas familiares no suelen ser tan dramáticos ni se quedan mucho tiempo por estos lares, pero son comunes en las experiencias cotidianas y en las leyendas medievales, en algunas para asustar a los intrusos o a los propios familiares, y en otras simplemente para seguir haciendo en muerte lo que hacían en vida, como tomar el té a las cinco de la tarde, o fumar su pipa favorita, leer su libro preferido o sentarse ante el fuego del hogar.

También fantasmas madres que perdieron a sus hijos, e hijos que murieron muy temprano y vuelven a este mundo para ser amamantados.

Algunos dan terror, otros despiertan la conmiseración, y no faltan los que son del todo cómicos y divierten a los vivos.

No faltan en ninguna parte del mundo medieval europeo, pero son más frecuentes, o más conocidos, en las islas británicas.

Los hay de cementerio y de cruce de caminos, de prisión o de cueva, sin pies y transparentes, o de cuerpo entero; con señales de violenta muerte, o del todo limpios y de sana apariencia.

Miles de fantasmas en el Medievo por todos lados, sobre todo porque muchos de ellos murieron en pecado, y vagan como almas en pena a la espera de que alguien les dedique unas misas, o un novenario; o simplemente les encienda una vela para que encuentren el camino hacia el otro lado, preferentemente al lado de Cristo, de Dios o en el mismísimo paraíso.

Vivir con un fantasma no era raro en las familias medievales, ya que los muertos formaban parte de la vida cotidiana de los vivos, y aunque la muerte no fuera lo más grato, sí tenían consciencia de que era inevitable.

Total, lo que se muere es el cuerpo, decían en la Edad Media, pero el alma perdura y no tiene sed, ni hambre ni frío, aunque se le prometa el infierno.

"No hay más cielo que el huir de este mundo de dolores y sufrimientos".

Razas de noche

Por si fueran pocos los monstruos tradicionales y antiguos, sumados a los monstruos propios del Medievo, estaban las razas de noche, seres casi humanos, pero tan diferentes al resto de la humanidad, que no tenían más remedio que vivir de noche para no ser perseguidos por la multitud, linchados por los ignorantes o descuartizados por los monjes que veían en ellos demonios.

Las razas de noche no eran peores que los humanos, aunque tenían sus defectos, pero no mataban ni asaltaban a nadie, simplemente vivían su vida lejos de los que se consideraban normales.

Las tabernas y las ventas eran sus lugares favoritos, porque bajo el humo de las pipas y los efluvios del alcohol, nadie los veía tan raros, y hasta departían y bebían con ellos.

Entretenimiento medieval

Los sin piel, aunque no leprosos, los de piel verde, los peludos que parecen hombres lobo y no lo son, los lampiños de todo el cuerpo, los que tenían cara de sapo, los que tenían patas de cabra, las mujeres barbudas, la niña araña, las señoras con cuerpo de serpiente, o lengua larga y bífida, los que no caminaban porque siempre saltaban, los que solo tenían medio cuerpo, algunos enanos, otros deformes de manos y brazos, los que caminaban encorvados, los de pies o manos muy grandes, los de grandes narices y orejas puntiagudas, los descarnados, los anfibios, los sin carne o los puro hueso, los de la cabeza gigante, hombres, mujeres y niños completamente diferentes que con el tiempo se convirtieron en fenómenos de circo o en entretenimiento cruel de señores feudales, por lo que prefirieron regresar al amparo de la noche.

Las mismas sombras, sobre todo las que aparecían por la noche, eran motivo de susto y sobresalto, tanto, que parecía que de pronto iban a encarnar y a tomar forma, ya humana, ya de bestia, ya de monstruosa apariencia.

HASTA LAS ARPÍAS SON ASÍ

—¿De dónde salió?

—De las sombras, y se transformó en una hermosa doncella.

—Entonces, ¿a qué esa palidez del rostro?

—Es que la seguí hasta el bosque, y ahí se volvió a transformar ¡en una horrible bruja, una arpía!

—¿¡Y qué hiciste!?

—Pues qué iba a hacer, cumplir como macho y hombre.

—¿No corriste?

—Sí, corrí, pero después de cumplir, porque una hembra despechada me hubiera matado allí, pero satisfecha ella, había de dejarme huir.

—Tienes toda la razón y te creo de corazón, ¡las mujeres son así!

HOMBRES LOBO Y VAMPIROS

Los hombres lobo, o licántropos, lo mismo que los vampiros, son muy anteriores a la Edad Media, y no se parecen en nada a los hombres lobo y a los vampiros que vemos en el cine o en las novelas, ni a toda la parafernalia mítica que los envuelve en nuestros días.

Había hombres lobo, o personas que se transformaban en animales salvajes, prácticamente en todo el planeta, desde China hasta la América Prehispánica (en México les llaman nahuales); hombres mono en África; hombres hiena en Arabia; y hombres oso en Alaska.

Dependiendo de cada lugar y de cada cultura, la transformación era en luna llena, pero otras veces en luna nueva, en total oscuridad.

Hombre lobo medieval dominado

Las leyendas más antiguas cuentan que estos seres, hombres y mujeres, que se transformaban en animales, son descendientes de Lilith, la primera esposa de

Adán y renegada del Paraíso, lo mismo que los vampiros (gente que solo puede consumir sangre como alimento), y, todos los menesterosos, abandonados, marginados, prostitutas y vagabundos, deformes como las razas de noche, o con ciertos dones peculiares que asustan a las personas que se creen y se sienten normales.

Hombre lobo medieval sin dominar

Por supuesto, la Iglesia de la Edad Media los calificó de satánicos, e hizo todo lo posible para mantenerlos apartados difundiendo toda clase de calumnias e historias macabras sobre los bebedores de sangre y los que enloquecían y se comportaban como fieras cíclicamente, asustando a la población y aumentando la mítica de personas que hoy en día tienen tratamiento médico y psiquiátrico, y que son más "normales" y menos peligrosos que mucha gente.

Pero el mito es el mito, y es el que queda siempre inserto en el alma y en la mente.

Brujas y brujos, magos y hechiceras

Monjes, monjas, curas, obispos y hasta papas de la Edad Media eran considerados como verdaderos brujos, brujas, magos y hechiceras por el pueblo llano, mientras que la yerbera de la comarca y el ermitaño sabio de la cueva, que también lograban prodigios, eran considerados satánicos.

Un rey, para ser rey, tenía que ser ungido por el Vaticano, y un mago, si no era del clero, no estaba autorizado para hacer milagros.

Lo que no hacía Dios, lo hacía el diablo, y a unas cuantas brujas se las quemaba en la hoguera por no contar con el visado de la Iglesia, y realizar sus labores en plena competencia desleal; mientras que a los brujos se les torturaba, empalaba o descuartizaba por el mismo delito de comercio informal.

Santo y mago, el milagroso Simón

Las grandes mafias oficiales siempre han sido más poderosas que el supuesto crimen organizado o desorganizado, así que si alguien pretendía comprar milagros debía dirigirse al comercio autorizado: la Iglesia.

También hubo acuerdos y simpatías, y hasta cesiones y cierta tolerancia, donde reyes o señores feudales, y hasta papas, protegían a tal o cual brujo o mago, o a tal o cual bruja y hechicera.

Simón el Mago fue uno de ellos, tanto en el Medievo como en la antigüedad samaritana y en la tradición bíblica y evangélica, por lo que quizá no era el mismo en todos los casos, o bien porque era tan prodigioso que vivió unos novecientos años, haciendo milagros hasta nuestros días entre sus seguidores y partidarios.

Cornelio de Agripa y Paracelso, junto con el Mago Merlín, también fueron tolerados por la Iglesia y protegidos de los monarcas.

Incluso Copérnico y Galileo Galilei fueron considerados algo magos y hasta perseguidos.

Miguel Servet fue ajusticiado por estudiar la circulación sanguínea, y por no alinearse con la Trinidad; mientras que Giordano Bruno, el mago filósofo, lo fue por su pensamiento.

Morgana, la bruja mala de tantas leyendas y cuentos, era reina, y por tanto muy difícil de perseguir o de combatir por las autoridades eclesiásticas, mientras que las pobres hechiceras y brujas de a pie, eran condenadas.

Muchas yerberas y parteras se salvaron, no por ser reinas, sino porque en sus regiones no había nadie más que atendiera a enfermos y embarazadas, ni siquiera monjas ni monjes, así que pudieron sobrevivir sin mayor problema, por lo menos hasta que los monjes, curas y párrocos, junto con santos, ángeles y vírgenes, prometían los más diversos milagros; mientras que las monjas, con la misma ayuda celestial, atendieron a las preñadas, curaron males de ojo, maldiciones aviesas, enfermedades menores con ungüentos y yerbas, y entraron en franca competencia con las brujas, yerberas y hechiceras de siempre.

Merlín, el mago poeta y consejero

Por su parte, Merlín, el más publicitado mago del Medievo, también pudo haber sido más de un personaje en la vida real o mítica, porque aparece en distintos reinados de distintos tiempos (con el rey

Gwenddolau, de Escocia, y con el rey Arturo, de Britania), aunque siempre británico, estudioso, científico y buen consejero.

Hay quien le critica su cercanía a la realeza, pues gracias a ella debe su fama y gloria hoy en día, y su bienestar social y económico en el Medievo, asegurando que hubo magos más sabios y poderosos que Merlín, pero sin el apoyo de los reyes y sin la tolerancia de la Iglesia.

La ciencia, por otra parte, era mucho más prodigiosa que la magia incluso en el Medievo, pero rara vez llegaba al pueblo.

UN MUNDO DE FÁBULA

Por todo lo anteriormente visto y quizá leído, se puede decir que el Medievo fue un mundo de fábula y fantasía todos los días, más virtual que real y una simulación muy superior a la de la matriz de las películas de ciencia ficción, pues la fantasía estaba siempre presente moldeando las creencias, los pensamientos y hasta la mismísima dura y cruda realidad.

Todo era mágico, caballeresco, mutable, arisco y a la vez emocionante y noble, algo incongruente y contradictorio, no del todo lógico, pero sí especial y trascendente, donde un pastorcillo podía matar a siete gigantes de un golpe, caminar largas distancias de golpe con sus botas se siete leguas, subir hasta las nubes por una rama de la planta de las alubias mágicas y vencer al malvado ogro, domesticar a un dragón, rescatar a princesas y doncellas, y de paso salvar a todo el mundo del mal, haciendo que la justicia y la bondad brillaran para siempre.

HIERBAS MÁGICAS

El ser humano ha demostrado a lo largo de la historia y de la prehistoria, que es capaz de creer en todo, desde dioses absurdos hasta que vacas que vuelan, a veces porque lo oyen de personas con autoridad, y otras porque se lo escuchan decir al vecino. La verdad es que poco importa a quién se lo escuchen, pues la ingenuidad, la pereza mental y la ignorancia hacen su trabajo.

"No lo he visto, pero lo siento en el alma", dicen los creyentes, cuando el alma misma se dice también que es fuente de todo tipo de incoherencias.

Para Aristocles (Platón para los amigos), el alma humana, fuente del comportamiento de hombres y mujeres bípedos, se dividía en tres partes:

-El *timo*, o el alma emocional que a veces ríe y llora, sueña y teme, se espanta y se alegra, siente y reacciona a ciertos estímulos, como cualquier animal.

-El *eros*, o el alma de los apetitos corporales naturales, como el hambre, la sed, el sexo, la posesión, los celos y las pasiones (que también expresan los animales), e incluso la ambición, la codicia y los apetitos materiales (de los que en parte se salvan los animales).

-Y el *logos*, o el alma racional que sirve para tener en buen recaudo a las dos anteriores, y que en realidad se usa muy poco.

Esta alma humana, dividida o no en tres partes, se ve fácilmente alterada por lo que consumimos, desde el aire que respiramos, hasta el agua que bebemos y los alimentos que comemos.

Nuestro propio organismo produce drogas, como la adrenalina, que nos da valor, o la oxitocina, la hormona del amor, que nos da ánimos, entre muchas otras.

Hiperventilarse a menudo es suficiente para alterar la consciencia, la conciencia, y la forma en que miramos las cosas.

Por si esto fuera poco, tanto en el Medievo como en la prehistoria y en nuestros días, buen número de los seres humanos bebe vino, alcohol, fermentos, licores, cervezas y aguas "puras" altamente mineralizadas.

Además fuma cannabis o tabaco, hierbas indias, o hipericón (hierba de san Juan), la preferida para echar humo en la Edad Media, que también colocan y elevan el alma.

En la Edad Media el consumo de mandrágora, beleño y belladona, era habitual, tanto para paliar los dolores, como para celebrar un aquelarre.

Los hongos alucinógenos, como la amanita muscaria, se servían de vez en cuando a la hora de la comida o de la cena.

Hoy en día, para no ser menos, las sociedades modernas beben todo tipo de alcoholes, fuman todo tipo de hierbas, inhalan y se inyectan todo tipo de drogas, y prueban las exóticas para estar a la moda.

En la Edad Media este tipo de consumo ayudaba a que se viviera en un mundo de fantasía lleno de seres mitológicos, magias imposibles y sueños descabellados, además de contribuir en que el musulmán viera a Alá, el católico a Cristo y el judío, entre todas las demás creencias, a Yahvé en persona. En la India a Shiva, en China al Emperador Esmeralda, y en el Tíbet a Buda.

Se dice que los clérigos y sacerdotes de todos los rubros mentían y engañaban para sacar el mayor provecho posible de la ignorancia ajena, pero el pueblo ayudaba y hasta era cómplice proselitista de las más absurdas fantasías y patrañas.

Matasanos medieval

Por otro lado, las hierbas mágicas eran curativas, y las mal llamadas brujas, casi todas las mujeres maduras del Medievo, las conocían y las utilizaban, lo mismo que algunos médicos oficiales, y casi ninguno de los matasanos improvisados, cuyos tratamientos eran de lo más descabellado.

Sabían que la mente es poderosa y que a veces el cuerpo se cura solo cuando está contento y bien alimentado; y que otras veces enfermaba de pura tristeza o aburrimiento.

También sabían que hay males que no dependen del estado de ánimo, y que debían ser tratados de otra manera, ya fuera con las yerbas mágicas o con otros remedios más avanzados o más bárbaros, como las sangrías o la toma de metales; total, el morirse a menudo era el mejor remedio para no sentir más daño.

Los médicos y la farmacopea moderna han logrado hitos tecnológicos imposibles en el pasado, pero en cuanto a la atención al enfermo se han vuelto más buitres o aves de mal agüero, que verdaderos curanderos sensibles y solidarios, pues lo que buscan son ganancias, lujos y dinero, mucho dinero, y no curar a nadie, sino crear enfermos crónicos para exprimirlos largo tiempo, algo que no sucedía en el Medievo, porque la bruja de turno te curaba o te morías, pero fuera de un par de gallinas y una arroba de garbanzos no le podía sacar más nada al enfermo o a la parturienta, y mucho menos dinero, y encima ponía en riesgo su vida pues siempre estaba presente la amenaza de la hoguera o la tortura por parte de la sacrosanta Madre

Iglesia, aunque a veces, y por pura conveniencia, las toleraba.

OVNIS EN LA EDAD MEDIA

La Edad Media es rica en dibujos y pinturas de cuerpos celestes poco usuales, a los que algunos han llamado "cometas tripulados", barcos que vuelan o lanzas gigantes del firmamento, porque no eran los cometas habituales ni lluvias de estrellas fugaces a las que todos estaban acostumbrados, pues por aquel entonces los cielos seguían siendo un espectáculo para observar casi todas las noches.

El cometa tripulado de la Edad Media

Por tanto, ver en la bóveda celeste objetos o cometas raros, sí impresionaba a los campesinos tanto como a los astrónomos, y se sacaban diferentes conjeturas al respecto, desde que eran habitantes de otros planetas, como señalarían más tarde Giordano Bruno y Lorenzo Hervás y Panduro, hasta señales o castigos divinos, o la ratificación que allá arriba andaban los demonios o los ángeles, por lo que las noches que se les veía, eran propicias para los ritos angelicales o satánicos. "Si no son cosas de Dios, son cosas del demonio", decían los curas.

Hoy en día no hemos adelantado mucho al respecto, y hay quien se espanta al ver luces que se mueven en el cielo; hay quienes ven en los ovnis señales de esperanza para la humanidad, o dioses y ángeles antiguos que nos vigilan para salvarnos de nosotros mismos o de las furias del averno.

¿Son amigos o enemigos?

¿Son humanos o son alienígenas feos?

¿Somos nosotros mismos desde el futuro?

¿Son intraterrestres y no extraterrestres?

¿Son naves secretas de las naciones adelantadas y poderosas?

¿Son dragones camuflados?

¿O son simple producto de la imaginación e interpretaciones erróneas?

La verdad es que no se sabe lo que son exactamente, porque de volar, vuelan, pero no están identificados.

VII

MATAR AL DRAGÓN, RESCATAR A LA PRINCESA Y SALVAR AL MUNDO

> No somos más que
> cuentos que cuentan
> otros cuentos,
> es decir, solo ilusión,
> nada de nada.
>
> PESSOA

Entonces, el príncipe Valiente sacó su espada mágica que brillaba como el fuego, y apuntó al pecho del enorme dragón.

El dragón lanzó una llamarada de azufre de su boca hacia el príncipe Valiente, que se cubrió con el escudo de los Siete Plomos Invencibles, regalo de Merlín, y logró penetrar con su espada el corazón cubierto de diamantes del poderoso dragón, que cayó fulminado retorciéndose de dolor y echando espuma fétida y rabiosa por el hocico.

La princesa Bella, resistía desde la torre mayor, donde estaba atada por una cadena de oro que le rodeaba la cintura y ataba cada brazo a los goznes de la ventana de la Torre Mayor.

Valiente subió escalando la Torre, cuidando de no pisar el ácido de las babas del dragón que lo derretían todo, hasta llegar a la princesa.

Con su espada rompió los grilletes y liberó a Bella, que cayó desfallecida en sus brazos, sollozando de alegría por su salvación.

Sin la bestia volando por los aires y lanzando fuego sobre castillos y parroquias, a partir de entonces el mundo sería un lugar mejor, sin muertes sin sentido que lamentar, y con los cultivos sin amenazas de incendio.

Ya no habría que sacrificar doncellas ni princesas, ni pagar con diamantes los impuestos que exigía el dragón a cambio de protección.

**Matar al dragón, rescatar a la
princesa y salvar al mundo**

*Entonces apareció por el horizonte el águila Roc, amiga
y compañera de Valiente en múltiples aventuras, y sobre*

su espalda Valiente y Bella fueron puestos en tierra mientras se derrumbaba la Torre Mayor y caía sobre los restos del dragón, como para asegurar su muerte.

Bella, radiante de felicidad y amor, y excitada por la aventura, se lanzó a los brazos de Valiente cubriéndolo de pasión.

FINAL A

Pero Valiente la rechazó, porque el viejo rey Arnulfo la había pedido en matrimonio y le había encargado a Valiente su salvación y posterior traslado a palacio para celebrar la boda.

Valiente cumplió el encargo porque su honor como príncipe caballero estaba en juego, y la llevó a Arnulfo para que se casara con ella, cosa que así sucedió, si bien Valiente y Bella fueron amantes a partir de entonces y hasta que Arnulfo falleció, quedándose con el trono y sus descendientes, que al fin y al cabo eran hijos de Valiente.

FINAL B

Valiente respondió a los amores de Bella al instante, la llevó a su palacio porque era príncipe, se caso con Bella y unieron sus reinos, ganando poder y riqueza, y para rematar invadieron el reino de Arnulfo y lo pasaron por las armas, total, la palabra dada y el honor de caballero duran poco en la memoria del pueblo, el cual, sometido y seducido por Valiente, hasta le aplaudió y vitoreó.

FINAL C

La princesa Bella no se casó ni con Arnulfo ni con Valiente, pues Arnulfo era viejo y no daba la talla, y Valiente, *que sí la daba, era un aventurero que no podía brindarle la seguridad que se espera de un buen matrimonio, por lo que eligió a un mejor partido para mantener y solidificar su propio reino.*

FINAL D

El dragón no estaba muerto, solo mal herido, así que se levantó y devoró a la pareja descuidada; luego, ya repuesto y loco de furia porque le habían robado a la princesa Bella (con la que tenía morbosos planes inenarrables, horribles e inimaginables, pero para él deliciosos), atacó a todos los reinos de la Tierra hasta no dejar a una sola persona viva sobre la faz del planeta, e instauró la Era de los Dragones que duraría unos cuantos millones de años.

FINAL F

El que tú elijas, quieras o inventes, pues seguro que tienes tus propias ideas al respecto, y has leído o visto cuentos, leyendas, novelas o películas suficientes como para tener una idea original diferente y revolucionaria, o un lugar común amable y trillado, ya sea de amor romántico o de terror y muerte.

¿Y EL DRAGÓN?

Bien, gracias, muerto y aplastado, comido por los buitres carroñeros y vaciado sangrienta y carniceramente de los diamantes que llevaba en el pecho por la rapiña de los ladrones, o del irrespetuoso pueblo que aprovecha cualquier mal ajeno o accidente para medrar sin la menor consideración, mientras su esposa, la dragona, y sus hijos, los dragoncitos, quedaron abandonados a su mala suerte, perseguidos u olvidados, satanizados y maldecidos, muertos de hambre y sin diamantes, marcados por el trauma de la tragedia para siempre, y mal sobreviviendo por esos bosques malditos y oscuros del diablo o de Dios.

El argumento no es nuevo, y quizá ni siquiera original de la Edad Media, pero funciona y parece que seguirá funcionando durante mucho tiempo, entre muchas otras cosas, porque al amable auditorio suele gustarle lo de siempre, lo predecible, que ganen los guapos sobre los feos, los ricos sobre los pobres, los invasores sobre los invadidos, los buenos sobre los malos, y las historias con final feliz, que para malos finales ya está la vida misma.

EPÍLOGO:
LAS CRUZADAS Y LOS
CINTURONES DE CASTIDAD

¿Qué es el cielo
sino un vil soborno,
y qué es el infierno
sino una cobarde
amenaza?
BORGES

La Edad Media no sería lo mismo sin las Cruzadas, tanto porque el intento europeo de mantenerse en la ruta comercial hacia Oriente, como por poner de pretexto la recuperación y dominio de Jerusalén o de Tierra Santa, logrando más lo primero que lo segundo, y no por el poderío militar, sino porque los árabes, semíticos, sirios, hindús y demás pueblos de Medio Oriente eran y son eminentemente comerciales y también les interesaba llevar sus productos a esa Europa creyente y anquilosada.

Las Cruzadas sirvieron, además, para que se acabara la mítica Alta Edad Media, y comenzara la Baja Edad Media, pasando por la central Edad Media Plena, o Media Edad Media.

La Iglesia católica se enfocó en el arte y un poco en la ciencia, intentando que esta última no contradijera del todo a la ignorante palabra de Dios, y ordenó y modernizó sus instituciones, gracias a las Cruzadas y la influencia carolingia que duró hasta 1929, cuando se funda el Estado Libre y Soberano del Vaticano, e Italia por fin se convierte en un país unificado, y deja atrás las monarquías y las ciudades estado, además de los Estados Pontificios, con un importante rezago con el resto de los países europeos que no ha superado del todo hasta el día hoy.

Recuperar el esplendor romano en el siglo XI de nuestra era, no se logró; mientras que Alemania, Francia e Inglaterra se ponían a la cabeza.

Entre 1096 y 1291, se logró el pírrico Reino Cristiano de Jerusalén, el cual se cacareaba como un triunfo sobre el Islam que llevaba desde el siglo VII asentado en la región, pues junto con la Meca y Medina, consideraba a Jerusalén una ciudad sagrada, pero tampoco estaba interesado en conservarla como trofeo, pues permitía sin ningún problema que ahí vivieran armenios, sirios, cananeos, fenicios, cristianos, judíos, y hasta egipcios y eritreos, pues además de sagrada por haber resguardado al Profeta Mahoma, era un centro comercial y de paso para varias caravanas y etnias de aquella época.

Sin embargo, y a pesar del furioso embate de los europeos, la recuperaron muy pronto, pero sin cerrarla del todo a los extranjeros, incluidos los belicosos y bárbaros europeos.

Cruzada para "recuperar" Jerusalén

La Iglesia católica (el Sacro Imperio Romano Germánico por aquel entonces), gran promotora del gesto, ofreció a los reyes y señores feudales participantes todas las dispensas papales que desearan para poder pecar en este mundo e irse al cielo sin mancha.

A los señores feudales les ofreció ungirlos como reyes, y a los reyes les ofreció, además de hacerlos santos por los votos religiosos que tomaban al sumarse a las Cruzadas, el botín del que pudieran hacerse por aquellas tierras, además de rutas comerciales preferentes, y así traerse los metales de la India y de Medio Oriente, las especias del Norte de África y de China, las sedas, los marfiles, el oro, la plata, los esclavos y hasta los muebles de finas maderas del Líbano.

¿FERVOR RELIGIOSO?

Cuentan las leyendas que las Cruzadas fueron emprendidas con todo el fervor religioso cristiano y católico, era una Guerra Santa para liberar las ciudades y los santos lugares, por donde se suponía que había pasado o residido Jesucristo, salvándolos así de la infiel y satánica dominación musulmana.

Cuentan que todo empezó en el 1095, cuando el emperador bizantino, Alejo I, solicitó protección para los pobres cristianos de Oriente al poderoso Papa, Urbano II, el cual, como respuesta y en el concilio de Clermont, inició la predicación y el proselitismo de las Cruzadas.

Cuentan que en ese concilio terminó su exhorto a la Guerra Santa con la frase del Evangelio "¡renuncia a ti mismo, toma tu cruz, y sígueme!" de Mateo,16:24).

La multitud (aunque en los concilios que eran discretos o secretos), entusiasmada y enloquecida de fe por seguir a Cristo (que nunca fue a batalla alguna), manifestó ruidosamente su aprobación con el grito *¡Deus lo vult!* (¡Dios lo quiere!), y de ahí todos los hombres de todos los reinos, desde campesinos a señores, tomaron sus armas, o sus palos, y se fueron a las Cruzadas, dejando solas a las mujeres, los ancianos, y solo a unos cuantos niños que todavía no podían blandir una espada.

Hay quien señala tres Cruzadas oficiales, otros dos, o sólo una, que en realidad fueron nueve, pues entre guerras y batallas, conquistas y reconquistas, acuerdos y desacuerdos, las Cruzadas duraron hasta los siglos XIV y XV, cuando se echó a los moros de Hispania, se fortaleció el Imperio bizantino, se descubrió América, y el Islam y el judaísmo fueron confinados y reducidos, aunque no por la fe cristiana, sino, ahora sí, por el poder bélico de la Europa renacentista, porque un poco antes, en la Novena Cruzada, la victoria fue del todo musulmana.

¡Todos a la Guerra Santa!

Los católicos llamaban infieles a los musulmanes, y los musulmanes llamaban infieles a los católicos, cuando las únicas infieles, dicen y cuentan, eran las católicas y las musulmanas que se quedaban solas cada campaña bélica santa.

MUJERES SOLAS Y CINTURONES DE CASTIDAD

Cuatro o cinco siglos en guerra es mucho tiempo para dejar a las mujeres solas, pues según la Biblia son maléficas por naturaleza, y estando solas se les puede ocurrir hacer cualquier maldad.

Que los hijos no fueran idénticos al supuesto padre, no era ninguna novedad, porque hasta el bueno de san José había pasado por ese tormento, suavizado porque el rival era divino o el mismísimo Dios; pero que un rey soportara que sus hijos se parecieran al jardinero, que no fue a las Cruzadas por motivos de salud propia y de sus plantas, no era nada agradable, y matar a la mujer y al jardinero tampoco era buen negocio, aunque a veces pasaba.

Peligroso cinturón de castidad con dientes

Solución, los cinturones de castidad, aunque después los niños ya no se parecían al jardinero, sino al herrero que los confeccionaba, por pura casualidad.

Los había de todas las formas, colores y sabores, con llave y sin llave, porque los sin llave se abrían a cincel al volver el señor.

Dentados o afilados, acolchados y hasta cinturones

de castidad para hombres, donde el pene quedaba cautivo y reducido de tamaño, tanto, que una erección podía ser fatal para el que lo llevara puesto.

Hay que tener en cuenta que las esposas medievales eran muy jóvenes y a menudo ardían de amor, hormonal y natural, y contenerse se les hacía casi imposible a pesar de lo mucho que amaran o respetaran a su ausente esposo.

Los criados y sirvientes con cinturón de castidad para hombre lo pasaban peor, pues no podían tener ni malos pensamientos ni sueños eróticos, bajo la pena de pasar un verdadero calvario de dolor y de terror.

Los cilicios y los cinturones de ajuste que usaban los novicios y algunos monjes, eran una delicia comparados con los cinturones de castidad para hombres.

TRIUNFOS Y DERROTAS, CÁTAROS Y TEMPLARIOS

Las Cruzadas fueron todo un mundo, donde se ganaron, repartieron y perdieron fortunas y privilegios, pero que no detuvieron la marcha económica, política y social de la Europa medieval, pues florecieron nuevos reinos y aumentaron los títulos nobiliarios y los lazos familiares entre monarcas, tanto que al final del Medievo casi todos eran parientes de una forma o de otra.

Se afinaron las artes y se abrieron ciertas puertas a la ciencia; la arquitectura y la construcción alcanzaron verdaderos prodigios barrocos y renacentistas que podemos ver y disfrutar en nuestros días.

La Iglesia, para que no se perdiera el ánimo después de una que otra derrota, le puso nombre a varias cruzadas, como la de los cristianos, la de los pobres, la de los campesinos, y hasta la de los niños, entre otras; y no solo para mandar más personas al frente, sino para pedir ayudas económicas y limosnas, poniendo a la venta dispensas o bulas papales para todo caso y para cada ocasión.

Surgieron movimientos religiosos dentro de la misma Iglesia, como los franciscanos, que se dice fue una de las menos peores órdenes religiosas que han existido, y otras más ambiciosas como los benedictinos, los dominicos y los carmelitas, o hasta los jesuitas, que ya no eran medievales, pero sí guerreros de Cristo, con generalato y de lo peor, según cuentan las leyendas.

Los cátaros fueron los menos agraciados y afortunados en su intento de emular a Cristo, pues entre el Rey de Francia y el Vaticano, los masacraron y exterminaron junto con el pueblo donde tenían su sede; mientras que los Caballeros del Temple, quienes debían custodiar los Santos Lugares, recuperados o no, siguen existiendo de forma oculta y misteriosa hasta nuestros días.

Como los caballeros de la mesa redonda, los Templarios también tenían su código de honor, sus secretos místicos, sus conocimientos sabios y mágicos, su saber astrológico y astronómico, su conocimiento de la las magias blanca y negra, su capacidad de invocación de ángeles y demonios, y su dedicación a encontrar el cáliz sagrado, la cruz de Cristo (sus clavos o sus astillas), el santo sudario, el no menos santo sepulcro, las sandalias de los Apóstoles o las sandalias del pescador, o la misma arca de la alianza y la poderosa arma que había en su interior, entre muchas otras cosas secretas y misteriosas.

EL SANTO GRIAL

¿Cómo era exactamente el cáliz sagrado?

¿De oro?

¿De plata?

¿De cobre?

¿De cristal?

¿De barro cocido?

¿De madera?

¿De qué está hecho el Santo Grial?

¿O de un extraño y desconocido elemento divino?

Nadie lo sabe. Tampoco la forma o el aspecto que tiene.

Pero sin duda era mejor que la fuente de la eterna juventud, que también se buscó con denuedo efervescente durante la Edad Media, en general, y durante las Cruzadas en particular.

Vivir para siempre, deseo de algunos humanos que no se aburren de la insipidez de la vida.

Curar todos los males y todas las heridas, para dejar a los matasanos y a las yerberas fuera de escena de una vez por todas.

Tener el poder de la vida y la muerte en las manos, pero con la supuesta condición de ser puro de corazón para poder beber el agua o el vino que se vierta en la copa sagrada, la de la última cena, donde el mismísimo Cristo puso los labios, aunque a él de mucho no le sirvió.

Cuentan que en una cueva oscura y secreta de Medio Oriente, cerca de Petra o de Jerusalén, los caballeros templarios cuidan y guardan el Santo Grial, el cáliz sagrado, junto a otras reliquias, como el arca de la alianza, desde la Primera Cruzada hasta nuestros días, para entregársela a su verdadero dueño el día que vuelva al mundo para salvar a la humanidad de su crapulencia.

Los milenaristas tienen esto muy en cuenta.

Mientras tanto, nadie podrá encontrarlos ni a ellos ni a sus tesoros, aunque peinen la Tierra de arriba abajo.

Sin embargo, no todo queda ahí, pues hay leyendas al respecto que aseguran que son los cátaros los que encontraron el cáliz sagrado en plenas Cruzadas en un lugar incógnito de Tierra Santa, así como los clavos de la Cruz y hasta los tesoros del Rey Salomón, tanto los materiales como los esotéricos, y que por eso los masacraron, ya que no los quisieron entregar ni compartir con la Santa Madre Iglesia, que para ellos no representaba ni a Cristo ni al Espíritu Santo, sino al mismo Satán, materialista y tirano.

Masacrando cátaros

Por su parte la Iglesia los acusaba de herejes y satánicos, aficionados a las brujerías y a la imposición de manos, a los ritos contra natura y a toda clase de vicios, señalándolos como una vil secta, y no como la orden religiosa que pretendían ser.

No son pocos los novelistas e investigadores que se han ocupado del tema, y hasta los mismos nazis buscaron en el Languedoc francés el rastro perdido de los cátaros, para ver si de paso encontraban el Santo

Grial y los tesoros prohibidos del rey Salomón, de oro, plata, piedras preciosas y la sabiduría ancestral del mundo entero.

La castidad, el ayuno y la oración, que proponían los cátaros como sendero de virtud y recuperación del alma atrapada en el cuerpo, no sirvieron de nada ante la Cruzada que el papa lanzó contra ellos, por lo que si tenían el Santo Grial en su poder, no lo utilizaron en su favor... ¿o sí? Pues las leyendas los sitúan vivos, millonarios y poderosos, actuando desde un lugar incierto en Occitania, cerca del castillo de Carcassonne, posiblemente, hasta donde se desplazan miles de turistas cada año para escuchar las leyendas sobre los cátaros, sin sospechar que acaso los tienen enfrente o en el bar del pueblo.

Templarios y cátaros, cátaros y templarios, parecen ser una suma de lo mismo, tanto por su origen medieval, como por las leyendas que los envuelven y los contemplan con las mismas reliquias milagrosas en sus manos. La diferencia es que los templarios se mantuvieron siempre fieles al catolicismo, mientras que los cátaros pecaron de pensar libremente sobre eso que llamaban "Dios", es decir, de sacrílegos y herejes, contaminando a todos los que hablaban y tocaban, por lo que la orden de su exterminio fue: "¡Matadlos a todos, pueblo y cátaros, porque ya Dios se encargará de separar a los culpables y de salvar al resto!".

Cosas de la Media Edad Media, aunque para muchos las represiones eclesiásticas y el Santo Oficio del Renacimiento fueron mucho peor que las brutalidades del Medievo, incluso en la Inglaterra anglicana, e incluso más terrible en la Inglaterra victoriana, que el Islam sunita y el israelismo, que no todos los musulmanes ni todos los judíos están copiando el día de hoy con el mismo pretexto de salvar con la guerra y con la muerte a las almas desviadas, pero eso es tema de otro libro.

La cultura de la mitología medieval está muy presente en nuestros días, incluso sin darnos cuenta, con príncipes y princesas, supuestos nobles, deportistas, actrices y famosos que no cumplen con su palabra; y verdaderos caballeros y mujeres talentosas que nadie conoce; poetas pagados y poetas malditos; campesinos que nunca han leído, pero que son sabios y socarrones y se burlan del mundo entero; un mundo donde un creyente acérrimo puede creer en el más absurdo de los dioses, pero no puede creer que otro no crea las mismas "verdades", o las mismas sandeces, porque la necedad supera a la ignorancia y a la ingenuidad con creces tanto ahora como entonces.

Sí, un mundo maravilloso, pero contradictorio e incongruente, lleno de seres fantásticos y de bufones millonarios, donde se cree que lo desviado y enfermo es diverso, y lo diverso y diferente es desviado, según la moda; mientras las ilusiones y las fantasías, los amores y las trasgresiones siguen animando a los corazones, porque el príncipe debe matar al dragón, o supuesto mal; rescatar a la princesa, o redención; y salvar al mundo, o sacrificio para actuar por algo siempre más grande que el yo, aunque sea solo por un momento.

Todos somos princesas, porque todos somos caballeros.

Pero sin faltar el sentido del humor ni la lucha eterna, e imposible de ganar, contra los poderosos, los ricos, los malos, las élites y los religiosos; porque estamos aferrados a la magia de vivir y al hechizo de estar siempre enamorados a pesar de los pesares; total, en este mundo solo estamos de paseo y de paso, y lo sabemos por más que le busquemos tres pies al gato. Pura filosofía y pensamiento práctico y sencillo, mitología medieval que supera a la realidad, simple y llanamente porque la realidad siempre ha estado llena de fantasía.

He disfrutado mucho escribiendo este libro, y espero que tú lo hayas disfrutado también.

Bibliografía

Álvarez Palenzuela, Vicente Ángel. (2013). *Historia Universal de la Edad Media*. Barcelona: Ariel.

Frankopan, Peter. (2022). *La primera cruzada*. Barcelona: Editorial Crítica.

Mitre Fernández, Emilio. (2016). *Historia de la Edad Media en Occidente*. España: Ediciones Cátedra.

Tapia Rodríguez, Javier. (2024). *En A morados*. Zihuatanejo, México: Autoedición.

Tapia Rodríguez, Javier. (2024). *El gran libro de las mitologías*. (2024). Barcelona: Plutón Ediciones.

Wickham, Chris. (2017). *Europa en la Edad Media*. Barcelona: Editorial Crítica.

ÍNDICE